Uljana Sieber

Dresden, Bautzner Straße

Von der politischen Haftanstalt zum Ort der Friedlichen Revolution

Unter Mitarbeit von Katrin Thiel

ORTE DER GESCHICHTE
CH. LINKS VERLAG

Die Reihe »Orte der Geschichte« wird herausgegeben von Martin Kaule. Dieser Band erscheint in Zusammenarbeit mit der Gedenkstätte Bautzner Straße Dresden.

Abbildungsnachweis: *Ulrich Böhme:* 5; *BStU Dresden:* 26 (BStU, MfS, BV Dresden, AKG 10220/FO, Seite 3, Foto oben), 27 (BStU, MfS, BV Dresden, AKG 10852, Foto 2), 32 (BStU, MfS, BV Dresden, AKG 10220/FO, Seite 3, Foto unten), 35 (BStU, MfS, BV Dresden, Abt. XIV 10, Seite 6), 39 r. (BStU, MfS, BV Dresden, Abt. XIV 9, Seite 4), 40 o. (BStU, MfS, BV Dresden, AKG 10640/FO, Foto 002-10), 40 u. (BStU, MfS, BV Dresden, AKG 10220, Seite 1), 41 o. (BStU, MfS, BV Dresden, AKG 10220/FO, Seite 26, Foto oben rechts), 41 u. (BStU, MfS, BV Dresden, AKG 10220/FO, Seite 23, Foto links), Umschlagrückseite (BStU, MfS, BV Dresden, AKG 10220/FO, Seite 8); *Gedenkstätte Bautzner Straße:* 22, 23, 31, 33, 36, 37, 43, 45, 47, 55, 58, 59, 60; *Gedenkstätte Bautzner Straße (tichy.photography):* Umschlagvorderseite, 17, 19, 30, 34, 39 l., 42, 46, 48; *Marian Günther:* 54; *Peter Palm:* vordere Umschlaginnenseite; *picture-alliance:* 20, 56; *Rigo Pohl:* 52; *Tobias Rietz:* hintere Umschlaginnenseite; *SLUB / Deutsche Fotothek:* 6, 10, 12, 13 (Peter, Richard sen.), 29 (Höhne / Pohl); *Staatliche Kunstsammlungen Dresden:* 8; *Stadtarchiv Dresden:* 7, 9; *Universitätsarchiv Leipzig:* 21

Die Deutsche Nationalbibliothek verzeichnet diese Publikation in der Deutschen Nationalbibliografie; detaillierte bibliografische Daten sind im Internet über www.dnb.de abrufbar.

1. Auflage, April 2017

Schönhauser Allee 36, 10435 Berlin, Tel.: (030) 44 02 32-0
www.christoph-links-verlag.de; mail@christoph-links-verlag.de
Umschlagmotive: ehemaliges MfS-Untersuchungsgefängnis Dresden, heute Gedenkstätte Bautzner Straße, 2016 (vorn); das MfS-Untersuchungsgefängnis Dresden mit Gefangenentransporter B 1000 und Verwaltungsbau mit Aufgang zum Saal, vermutlich Ende der 1970er Jahre (hinten)
Satz: Eugen Lempp, Ch. Links Verlag
Druck und Bindung: Westermann Druck, Zwickau

ISBN 978-3-86153-927-8

Inhaltsverzeichnis

Einleitung

Viele Dresdner erinnern sich noch an die massive und stets bewachte Mauer, die das Gelände der Dresdner Bezirksverwaltung des Ministeriums für Staatssicherheit und der dazugehörigen Untersuchungshaftanstalt zur Bautzner Straße hin abriegelte. Hier war der Sitz des von der SED geschaffenen Repressionsapparates, der verantwortlich war für politische Verfolgung, Haft und psychische Folter. Vor Errichtung der Mauer stand an selber Stelle ein Bretterzaun, den die sowjetische Besatzungsmacht nach dem Ende des Zweiten Weltkrieges aufgestellt hatte. Dieser schirmte ein Areal ab, das der Inhaftierung, Vernehmung und Verurteilung tatsächlicher oder vermeintlicher nationalsozialistischer Verbrecher und zunehmend von Regimegegnern diente.

Dieser Überwachungs- und Haftkomplex wuchs inmitten des Dresdner Elbhangs, der bis dahin für gehobenes Wohnen mit Blick auf die Stadt und ihren Fluss gestanden hatte. Die im Zweiten Weltkrieg größtenteils unzerstörten Gebäude nahe der Kasernenanlage im Dresdner Norden, wo die sowjetischen Besatzungstruppen unterkamen, dienten fortan der Arbeit der Geheimdienste.

Am 5. Dezember 1989 nahmen Dresdner Bürger das Gelände unter ihre Kontrolle und beendeten die Arbeit der Staatssicherheit im Bezirk gewaltlos. Die Stasi-Mauer dokumentierte nun mit ihren spontan entstandenen Aufschriften diesen Teil der Friedlichen Revolution in Dresden. Da, wo bis vor kurzem noch Regimekritiker und gefasste DDR-Flüchtlinge inhaftiert waren, wurden nun Geheimdienstakten eingelagert und später der Stasi-Unterlagen-

Diese und andere Graffiti an der Stasi-Mauer entstanden im Zuge der Besetzung des Geländes der Dresdner Staatssicherheit (damals Dresdner Bezirksamt für Nationale Sicherheit, kurz »NASI«) am 5. Dezember 1989.

behörde übergeben. Die noch erhaltenen etwa zehn Kilometer Akten der politisch Verfolgten und der zuletzt etwa 3500 hauptamtlichen und 13 000 inoffiziellen Stasi-Mitarbeiter im Bezirk Dresden geben Aufschluss über die menschenverachtende Tätigkeit der DDR-Staatssicherheit und dokumentieren die Schicksale der Menschen, die in der Bautzner Straße inhaftiert waren.

Heute ist ein Teil des Verfolgungs- und Überwachungskomplexes Gedenkstätte. In einem Rundgang durch das einzige original erhaltene Stasi-Untersuchungsgefängnis in Sachsen, den von der sowjetischen Besatzungsmacht genutzten Gefängniskeller und Arbeitsräume der Staatssicherheit erfährt man, wie der staatliche Repressionsapparat seine politischen Gegner auszuschalten versuchte.

Der Elbhang zwischen Villenromantik und Industrieschloten, 1845 – 1945

Dort, wo später ein umfassender Staatssicherheitskomplex entstehen sollte, befanden sich bis zur Mitte des 19. Jahrhunderts noch Park- und Grünflächen, die im Laufe der Gründerzeit mit prachtvollen Villen und vereinzelten Industrieanlagen bebaut wurden. In dieser begehrten Wohnlage mit Blick auf die Elbe und das nahe Stadtzentrum siedelten sich vor allem wohlhabende Bürger, Unternehmer und Fabrikanten an. Jedes Gebäude hatte ein eigenes Gesicht und zeugte vom Reichtum und Geschmack seiner Besitzer.

Von stadtauswärts kommend und die Waldschlösschenbrücke hinter sich lassend, führt der elbseitige Weg an der **Villa Elysium** (Bautzner Straße 110 → Karte, Nr. 1) vorbei. Dieses Gebäude ist das letzte, welches sich auf alter städtischer Flur befindet. Nur einige Schritte weiter beginnt der Stadtteil Loschwitz, der erst 1921 in die Stadt Dresden eingemeindet wurde. Das Gebiet auf beiden Seiten dieser Flurgrenze bis zu den Elbschlössern wird nach der jenseits des Dresdner Stadtwaldes liegenden Kleinstadt »Radeberger Vorstadt« genannt. Die Villa Elysium

Blick von der Radeberger Vorstadt elbabwärts nach Dresden, Lithografie von Robert Geissler, um 1865

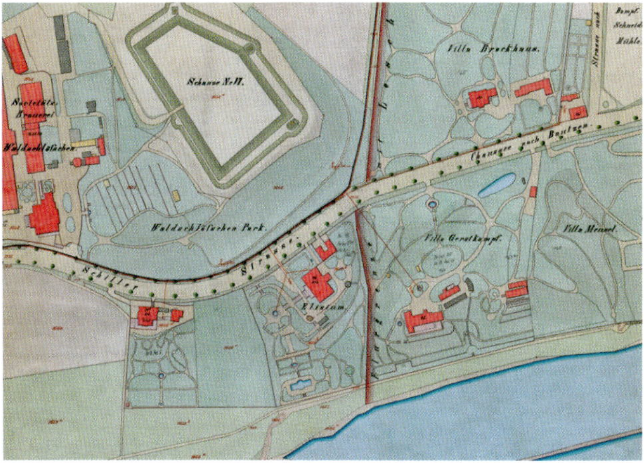

Eine Karte von 1865 zeigt auf beiden Seiten der alten Flurgrenze zwischen der westlichen Dresdner und der östlichen Loschwitzer Gemarkung Villen inmitten englischer Parklandschaften.

wurde etwa 1845 als Ausflugslokal unter anderem für Feierlichkeiten der sächsischen Königsfamilie errichtet. Später war sie Wohnsitz von hohen Militärs, Juristen, pensionierten Diplomaten oder auch des Zigarrettenfabrikanten Buchholz. Das Gebäude wurde nach 1945 durch den sowjetischen Sicherheitsapparat für Vernehmungen und von der DDR-Staatssicherheit als Kreisdienststelle Dresden-Stadt genutzt. Heute ist die Villa wieder Wohnhaus.

In unmittelbarer Nähe elbaufwärts und etwas zurückgesetzt thronte früher die **Villa Grumbt** (Bautzner Straße 112 → Karte, Nr. 7). Ernst Grumbt ließ sie 1899 vom Baumeister und

Blick vom rechten Elbufer auf den Elbhang mit der Villa Elysium (links) und den Elbschlössern, Lithografie von Riedel, um 1855

Architekten Carl Schümichen errichten. Eigene Steinbrüche, mehrere Dampfsägewerke und ein eigenes Schifffahrtunternehmen machten Grumbt zu einem der reichsten Männer Sachsens. Seit 1933 wohnte hier für vier Jahre der bis 1937 amtierende Oberbürgermeister der Stadt Dresden und Mitglied der NSDAP, Ernst Zörner. Durch einen Bombentreffer wurde das Gebäude im Februar 1945 zerstört. Die Staatssicherheit errichtete auf den Grundmauern ein Mehrzweckgebäude, das unter anderem ihre eigene Telefonzentrale beherbergte. Jahre nach dem Ende der Staatssicherheit wurde es zu einem Wohnhaus umgebaut.

Etwas weiter im Norden und direkt an der Bautzner Straße (Nr. 116 → Karte, Nr. 5) hatte der jüdische Unternehmer Jean Scherbel 1882 gegen den heftigen Widerstand der Nachbarn eine Fotorahmenfabrik mit Dampfanlage errichten lassen. Wenig später entstand hier eine »Fabrik zur Herstellung von Maschinen für die Cartonagen-Industrie, von Cartonagen-Verbin-

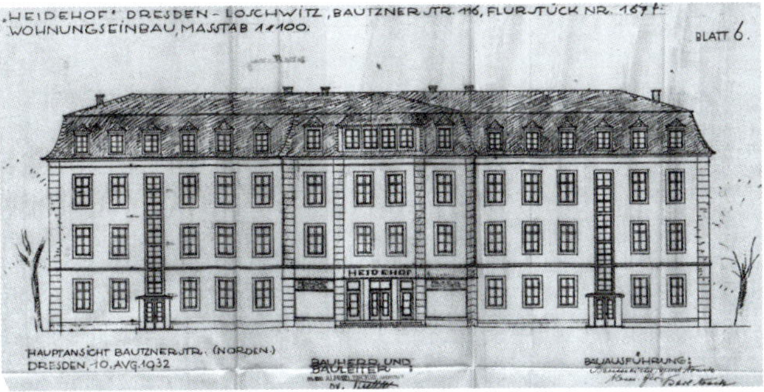

Umbau zum Heidehof, Vorderansicht von der Bautzner Straße aus, 1932

dungen und von Cartonagen selbst«. Nach Verlagerung der Produktion wurde das Gebäude 1931 an Alfred Tischer verkauft. Dieser ließ es zu einem Wohnhaus umbauen. Das Gebäude hieß jetzt **Heidehof** und umfasste 32 Familienwohnungen sowie zwei straßenseitige Ladenlokale. Durch die Luftangriffe im Februar 1945 brannte es bis auf die Grundmauern aus. Die sowjetische Besatzungsmacht ließ es für ihre Nutzung rekonstruieren und erweitern. Später wurde es Kern der Dresdner Bezirksverwaltung der DDR-Staatssicherheit. Heute ist das Gebäude wieder Wohnhaus, der Keller jedoch gehört zur Gedenkstätte.

Die Bewohner der unteren Etagen des Heidehofs mussten sich seit 1934 an einen etwas eingeschränkten Elbblick gewöhnen. In diesem Jahr zog der Arzt und Unternehmer Gerhard Madaus mit seiner Familie in die nebenan neu errichtete Villa (Bautzner Straße 114 → Karte, Nr. 8). Das von ihm und seinen beiden Brüdern 1919 in Bonn gegründete Pharmaunternehmen zur Her-

Ein Luftbild zeigt den Elbhang mit seinen Villen, v. l. n. r.: Villa Elysium, Villa Grumbt, Villa Madaus, Villa Sadofsky, Mitte hinten: Heidehof, 1933

stellung homöopathischer und biochemischer Präparate produzierte ab 1929 in Radebeul nahe Dresden. Nach Kriegsende und der Enteignung der **Villa Madaus** und des Radebeuler Werks kehrte das Unternehmen 1945 nach Bonn zurück.

Im Keller der Villa errichtete die sowjetische Besatzungsmacht provisorische Haftzellen. Später dienten die Räume der Gesundheitsfürsorge von Stasi-Mitarbeitern. Sie umfassten den Medizinischen Dienst, Sauna, Physiotherapie und Apotheke. Heute befindet sich das Gebäude wieder in Privatbesitz.

Wieder etwas weiter elbaufwärts schließt sich eine weitere Villa (Bautzner Straße 118 → Karte, Nr. 10) an, die 1892 errichtet wurde. Das vormals reich verzierte Haus wurde 1928/29 im Auftrag des Fabrikbesitzers Arthur Sadofsky im schlichten Landhausstil umgebaut und umgangssprachlich **Villa Sadofsky** genannt. Nach 1945 wurden auch im Keller dieses Gebäudes Gefangene des sowjetischen Sicherheitsapparats untergebracht. Die DDR-Staatssicherheit nutzte die Villa später unter anderem als Klub.

Auch dieses Haus befindet sich heute wieder in Privatbesitz. Das auf dem gegenüberliegenden Flurstück der Bautzner Straße befindliche Gebäude (Bautzner Straße 175 → Karte, Nr. 14) ließ der Verleger Heinrich Brockhaus nach 1862 für seinen Schwiegersohn, den Kreissteuerrat Albert Judeich, erbauen.
In der **Villa Brockhaus** hatte später die Stasi-Kreisdienststelle Dresden-Land ihren Sitz. Heute betreibt dort die Christliche Sozialwerk GmbH das Wohnheim St. Christophorus für Menschen mit Behinderung.
Auf diesem mehrfach geteilten Grundstück entstand 1908/09 für den Major Oskar Ehlert eine Villa im einfachen Landhausstil (Angelikastraße 4 → Karte, Nr. 13). Von 1934 bis 1943 wohnte hier der spätere Schauspieler Karlheinz Böhm. Die eher unscheinbare **Villa Ehlert** rückte Jahrzehnte später in den Blickpunkt, als bekannt wurde, dass sie auch Dienstsitz des sowjetischen Geheimdienstes KGB und Arbeitsort Wladimir Putins war (→ S. 27). Heute hat die Anthroposophische Gesellschaft Dresden dort ihre Zweigstelle »Rudolf-Steiner-Haus«.
Der Zweite Weltkrieg brachte im Februar 1945 Tod und Zerstörung auch nach Dresden. Die meisten Villen am Elbhang entgingen der Vernichtung durch die Fliegerbomben der Alliierten. Die Villa Grumbt und der Heidehof brannten jedoch aus. Viele Grundstückseigner flohen vor den sowjetischen Truppen in die westlichen Besatzungszonen Deutschlands. Damit änderte sich der Nutzungscharakter des exponierten Wohnviertels grundlegend. Die leerstehenden Gebäude wurden von der sowjetischen Besatzungsmacht belegt. Noch bewohnte Häuser rund um den Heidehof wurden beschlagnahmt und in den Folgejahren größtenteils enteignet.

Unter sowjetischer Kontrolle, 1945 – 1953

Kriegsende in Dresden

Dresden, im Februar 1945 von Bombenangriffen schwer zerstört, war zum Ende des Zweiten Weltkrieges zur Festung ausgebaut worden. Dennoch erhielt Kampfkommandant General Werner Freiherr von und zu Gilsa den Befehl, die Stadt mit allen Einheiten kampflos zu verlassen. Am 7. Mai besetzten Verbände der Roten Armee die nördlichen Stadtbezirke und bekämpften einige letzte deutsche Verteidiger. Über die einzige noch intakte Dresdner Elbbrücke, das Blaue Wunder, kommend, nahmen am 8. Mai sowjetische Truppen die übrigen Stadtteile Dresdens ein. Am selben Tag trat die deutsche Kapitulation in Kraft. Die Rote Armee bezog große Teile der weitgehend intakten Kasernen der Dresdner Albertstadt – eine der größten zusammenhängenden Kasernenanlagen Deutschlands, etwa drei Kilometer vom Stadtzentrum und einen Kilometer von der Bautzner Straße entfernt.

Die Albertstadt (Arsenal und neue Kasernenbauten) aus der Vogelschau. Reproduktionsholzstich von Bruno Heinrich Straßberger nach Adolph Eltzner, 1877

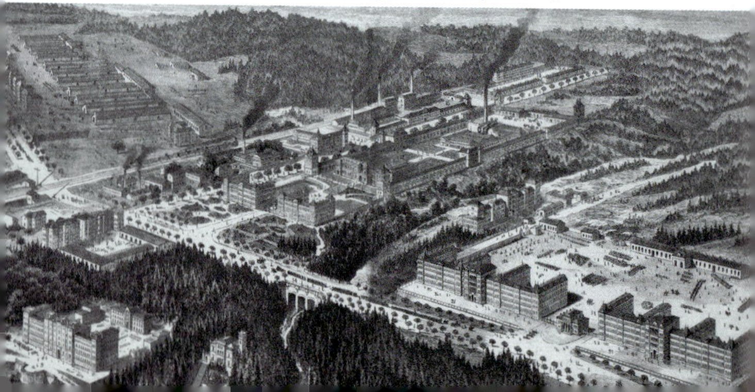

Sachsen unter sowjetischer Militärverwaltung

Die Sowjetische Militäradministration in Deutschland (SMAD) war nach dem Zweiten Weltkrieg bis kurz nach Gründung der DDR 1949 die oberste Besatzungsbehörde und somit die faktische Regierung in der Sowjetischen Besatzungszone Deutschlands (SBZ). Sie war dem Rat der Volkskommissare in der Sowjetunion und damit Josef Stalin direkt unterstellt. Mittels Befehlen legte sie die Leitlinien für Politik und Verwaltung in der SBZ fest. Der SMAD-Befehl Nr. 5 bspw. ordnete im Juli 1945 die Bildung der Sowjetischen Militäradministration für das Land Sachsen an. Ihr Sitz befand sich zunächst auf der Bautzner Straße in den drei exponierten Schlössern des Elbhangs – Schloss Albrechtsberg, Lingnerschloss und Schloss Eckberg. Im Januar 1946 wurde er in die Albertstadt verlegt.

Eine Fahne mit Wahlwerbung für die SED weht über dem zerstörten Dresden. Blick vom Turm der Katholischen Hofkirche nach Südosten über das Georgentor und die Trümmer der Dresdner Innenstadt auf die Kreuzkirche, nach 1946

Die Verwaltung des Landes ging mit der Absicherung des »sozialistischen Aufbaus«, der Entnazifizierung und der Ausschaltung politischer Gegner einher. Dabei arbeitete die sowjetische Besatzungsmacht eng mit der SED (Sozialistische Einheitspartei Deutschlands) zusammen und stützte sich von Beginn an auf ein flächendeckendes Überwachungssystem, dessen wichtigsten Eckpfeiler der sowjetische Sicherheitsapparat bildete. Dieser bestand zunächst aus den in der SBZ eingesetzten Abteilungen des Volkskommissariats für Innere Angelegenheiten (NKWD) und des Volkskommissariats für Staatssicherheit (NKGB). Beide Einrichtungen wurden 1946 in Ministerium des Innern (MWD) und Ministerium für Staatssicherheit (MGB) umbenannt; aus Letzterem ging 1954 der sowjetische Geheimdienst KGB hervor.
Die Beobachtung und Enttarnung von »Spionen, feindlichen Agenten, Saboteuren, Terroristen, Mitgliedern faschistischer Organisationen und aktiven feindlichen Elementen« – so die stalinistische Formulierung – sowie die Überwachung der deutschen Justiz und Polizei hatten Priorität. Viele Menschen wurden im Zuge der Entnazifizierung vom sowjetischen Sicherheitsdienst wegen tatsächlicher oder vermeintlicher Kriegsverbrechen oder der Mitgliedschaft in nationalsozialistischen Organisationen verhaftet und verhört. Häufig folgte eine Internierung ohne Urteil und ohne den Nachweis persönlicher Schuld in einem der zehn sowjetischen Speziallager der SBZ. In Sachsen bestand das Speziallager Bautzen von 1945 bis 1950 und wurde als eines der letzten drei Lager aufgelöst. Parallel dazu wurden Inhaftierte auch von Sowjetischen Militärtribunalen (SMT) (→ S. 16) verurteilt, wobei bis 1947 Urteile wegen NS- und Kriegsverbrechen den Schwerpunkt bildeten.

Nach dem offiziellen Ende der Entnazifizierung im März 1948 verschob sich der Fokus. Neue Internierungen fanden ab 1947 nicht mehr statt, und die meisten Speziallager wurden aufgelöst. Von nun an wurden hauptsächlich Menschen verfolgt, die der neuen politischen Ordnung in der SBZ bzw. DDR kritisch gegenüberstanden oder dessen verdächtigt wurden. Nicht selten führten bloße Denunziationen zur Verhaftung. Die Vernehmungszeit in sowjetischen Gefängnissen und Haftkellern dauerte oft Monate und wurde zumeist mit der Verurteilung durch ein Militärtribunal abgeschlossen.

Die Sowjetische Militärverwaltung in Sachsen besetzte das Gelände um den Dresdner Heidehof, der bis auf seine Umfassungsmauern ausgebrannt war. Das Gebäude wurde im Auftrag der Besatzungsmacht 1947/48 wiederhergestellt, erweitert und mindestens bis 1953 durch sie genutzt. In beschlagnahmten Wohnhäusern wurden oftmals provisorische Gefängniszellen eingerichtet, wo Verhaftete mitunter wochenlang festgehalten wurden. Auf diesem Areal befanden sich in der Villa Madaus und in der Villa Sadofsky solche sowjetischen Haftkeller für die Unterbringung von Untersuchungshäftlingen. Aber auch im Dresdner Süden nutzte die Besatzungsmacht ein bereits am Münchner Platz bestehendes Haft- und Justizgebäude als Untersuchungs- und Durchgangsgefängnis. Die Inhaftierten wurden unter anderem in der Villa Elysium verhört.

Die Haftkeller verschwanden mit der zunehmenden Zentralisierung. 1950 entstand im ehemaligen Heidehof das zentrale sowjetische Untersuchungsgefängnis einschließlich Vernehmungs- und Gerichtsräumen für das Land Sachsen (→ Karte, Nr. 5).

Von Sowjetischen Militärtribunalen verurteilt

Sowjetische Militärtribunale sprachen bis 1955 auf dem Gebiet der SBZ/DDR gegen Deutsche ihre Urteile; ihre Aktivität ließ erst mit Stalins Tod 1953 nach. Die Verurteilungen wurden durch Vernehmungsoffiziere der sowjetischen Sicherheitsorgane vorbereitet und basierten hauptsächlich auf sowjetischen Gesetzen und Befehlen. In der unmittelbaren Nachkriegszeit wurden vor allem NS- und Kriegsverbrechen oder vielfach die (zumeist angebliche) Beteiligung an Aktivitäten der nationalsozialistischen Untergrundorganisation »Werwolf« abgeurteilt. Ab 1948 waren die Militärtribunale vor allem ein wirksames Machtinstrument zur Durchsetzung der Diktatur der SED. Sie ermöglichten eine umfassende Verfolgung des politischen Widerstandes. Häufig zur Anklage kamen »konterrevolutionäre Verbrechen« nach dem Artikel 58 des russischen Strafgesetzbuches. Dabei bildete »Spionage«, meist in Verbindung mit »illegaler Gruppenbildung« und »antisowjetischer Propaganda«, mit über 60 Prozent aller SMT-Urteile seit 1945 in Sachsen die größte Urteilsgruppe. Einer Verhaftung als »Spion« durch deutsche oder sowjetische Sicherheitsorgane folgte zumeist die Überstellung an die sowjetischen Untersuchungsführer des Geheimdienstes. Der Kontakt zur Außenwelt brach ab, so dass die Angehörigen oft jahrelang nichts über den Verbleib ihrer Kinder, Eltern oder Ehepartner erfuhren.

Die Tribunale bestanden in der Regel aus einem Militärrichter, zwei Militärangehörigen als Beisitzer und einem Dolmetscher. Während der Schnellverfahren gab es weder Beweisaufnahme noch Verteidigung oder Entlastungszeugen. Die Verhandlung –

Flur des sowjetischen Gefängnisses im Heidehof, heute Gedenkstätte, 2016

oft in Gruppen – wurde in russischer Sprache geführt und nur bruchstückhaft übersetzt. Anklage und Urteil stützten sich auf das in den Vernehmungen zumeist erpresste Geständnis des Angeklagten. Mehr als die Hälfte der etwa 35 000 SMT-Verfahren in der SBZ und DDR gegen deutsche Zivilisten hatten einen politischen Hintergrund.

Im neuen sowjetischen Zentralgefängnis in der Bautzner Straße wurden mehrheitlich Menschen verhört und verurteilt, die sich der Durchsetzung einer Diktatur in Ostdeutschland entgegenstellten. Ein wichtiges Ereignis, das den Protest der Bevölkerung herausforderte, war bspw. die Volkskammerwahl im Oktober 1950, die jede Hoffnung auf eine demokratische Entwicklung der DDR endgültig zunichtemachte.

Etwa 30 schmale Haftzellen von etwas mehr als zwölf Quadratmetern waren jeweils mit vier und mehr Häftlingen belegt. Reichte der Platz auf der Pritsche nicht, diente der Boden als Schlafstätte. Schmutzige Decken und Matratzen voller Ungeziefer, ein Kübel für die Notdurft sowie eine auch nachts brennende Glühlampe waren die einzigen Einrichtungsgegenstände. Die Hygiene beschränkte sich auf eine tägliche kalte Kurzwäsche. Eine Möglichkeit, die Kleidung zu reinigen oder zu wechseln, Haare und Nägel zu schneiden oder sich zu rasieren, gab es nicht. Hunger, Krankheiten und das Gefühl der Ausweglosigkeit begleiteten die Häftlinge.

Die oft monatelangen Verhöre durch Offiziere des sowjetischen Sicherheitsdienstes wurden fast ausschließlich nachts in den oberen Etagen des ehemaligen Heidehofs auf Deutsch geführt. Neben vereinzelten körperlichen Misshandlungen war der Schlafentzug eine systematische Foltermethode zur Erzwingung von Geständnissen. Die handschriftlichen Vernehmungsprotokolle waren auf Russisch verfasst. Es gab für den Häftling keine Möglichkeit, die wahrheitsgetreue Wiedergabe seiner Aussagen zu prüfen. Seine Unterschrift unter den Protokollen besiegelte im Vorfeld das Urteil, das durch ein SMT in den Obergeschossen des Gebäudes gefällt wurde. In Sachsen, unter anderem in Dresden, wurden etwa 10 000 Personen zu langjährigen Haft- und Lagerstrafen verurteilt. 25 Jahre waren das übliche Strafmaß, das ab 1947 bei »Spionage« verhängt wurde. Dieser Vorwurf richtete sich fast ausschließlich gegen politische Gegner und bildete den mit Abstand am häufigsten ausgesprochenen Urteilsgrund. Danach begann oft der Weg in den sowjetischen Gulag (→ S. 18).

Die Tribunale verhängten zwischen 1945 und 1955 in Geheimprozessen zudem etwa 4500 Todesurteile, von denen nahezu 3500 vollstreckt wurden. Die zum Tode Verurteilten wurden vor Aussetzung der Todesstrafe 1947 an verschiedenen, häufig bis heute unbekannten Orten in der SBZ hingerichtet und anonym begraben. Nach Wiedereinführung der Todesstrafe 1950 wurden die Betroffenen nach Moskau gebracht und im Gefängnis Butyrka erschossen. Ihre letzte Ruhe fanden sie auf dem Donskoi-Friedhof, eingeäschert und namenlos in Massengräbern beigesetzt.

Haftzelle des sowjetischen Gefängnisses im Heidehof, heute Gedenkstätte, 2016

Von der Bautzner Straße in den Gulag

Gulag ist ursprünglich eine russische Abkürzung für die Hauptverwaltung der Besserungsarbeitslager in der Sowjetunion, wird aber vor allem als Synonym für ein umfassendes Repressionssystem in der ehemaligen Sowjetunion verwendet, das aus Dutzenden Zwangsarbeitslagern, Straflagern, Gefängnissen und Verbannungsorten mit Hunderten Unterlagern und Haftorten bestand. Nach dem Zweiten Weltkrieg wurden Internierte aus sowjetischen Speziallagern und durch Sowjetische Militärtribunale verurteilte deutsche Zivilisten und Kriegsgefangene als Zwangsar-

Gulag Workuta, Lager Nr. 125, 1946

beiter in den Gulag deportiert. In den Lagern waren Menschen aus vielen Nationen inhaftiert, zeitweise über 2,5 Millionen (1950). Bis Mitte der 1950er Jahre durchliefen schätzungsweise 20 Millionen Menschen das Lagersystem. Die unmenschlichen Lebensbedingungen führten zum Tod Hunderttausender.

Viele der Dresdner Häftlinge, die in der Bautzner Straße durch SMT verurteilt wurden, gelangten in den Lagerkomplex von Workuta jenseits des nördlichen Polarkreises, wo zeitweilig Tausende Deutsche inhaftiert waren. Sie wurden vor allem in der Kohleförderung und im Grubenbau eingesetzt. Die Lebens- und Arbeitsbedingungen waren katastrophal. Die Häftlinge litten an Kälte, Mangelernährung und Krankheiten.

Nach Stalins Tod 1953 kam es zu ersten Entlassungen und zu Erleichterungen im Lageralltag. Der Großteil der deutschen Gefangenen konnte dann im Zuge der Verhandlungen Konrad Adenauers heimkehren. Auf Einladung der sowjetischen Regierung war der westdeutsche Bundeskanzler im September 1955 zu Gesprächen nach Moskau gereist. Dabei wurde auch die Entlassung der verbliebenen 10 000 deutschen Häftlinge aus dem Gulag erreicht. Die letzten von ihnen kehrten 1956 aus der Sowjetunion zurück.

Für Freiheit an der Universität: Herbert Belter (1929 – 1951)

Im November 1948 wird der gewählte Studentenrat der Universität Leipzig aufgelöst und mit FDJ-Mitgliedern neu besetzt. Damit sind freie politische Betätigung und demokratische Mitsprache auch dort unmöglich geworden. Um den Studenten der Volkswirtschaftslehre Herbert Belter sammeln sich neun weitere junge Menschen, die kritische Literatur und Flugblätter verteilen. Um das Informationsmonopol der SED zu umgehen, nimmt Herbert Belter Kontakt zum Rundfunk im Amerikanischen Sektor (RIAS) auf. Das Informationsmaterial, das er dort erhält und an gleichgesinnte Studenten weitergibt, ist in der DDR zumeist verboten.

Im Vorfeld der scheindemokratischen DDR-Landtags- und Volkskammerwahlen im Oktober 1950 versuchen die Studenten, mit Plakaten und Flugblättern auf die zunehmende Unfreiheit aufmerksam zu machen. Im selben Monat durchsuchen deutsche Polizeimitarbeiter Herbert Belters Wohnung. Sie finden »Hetzmaterial antidemokratischen Inhalts« und einen Zettel mit verschlüsselten Namenskürzeln der beteiligten Jugendlichen. Unter Zwang »gesteht« Herbert Belter, Kopf einer »antidemokratischen Organisation«

Herbert Belter

gewesen zu sein. Die neun Mitstreiter werden ebenfalls inhaftiert und in das sowjetische Untersuchungsgefängnis auf der Bautzner Straße in Dresden überstellt. Dort werden sie zu hohen Strafen verurteilt: einmal zehn Jahre und achtmal 25 Jahre Zwangsarbeit. Herbert Belter erhält das Todesurteil. Der 21-Jährige wird am 28. April 1951 in Moskau erschossen. Die anderen Verurteilten müssen in Strafarbeitslagern der Sowjetunion Zwangsarbeit verrichten. Zwischen 1953 und 1955 werden sie nach Deutschland entlassen. Die gesamte Gruppe um Herbert Belter wird 1993 vollständig rehabilitiert.

Die »Kampfgruppe gegen Unmenschlichkeit« in Sachsen

Die 1948 gegründete »Kampfgruppe gegen Unmenschlichkeit« (KgU) gehört bis in die Mitte der 1950er Jahre zu den härtesten Widersachern des sowjetischen Besatzungsregimes und der SED-Diktatur. Sie ist zunächst eine humanitäre Organisation in West-Berlin, die in einer Kartei vermisste Personen aus der SBZ erfasst. Die KgU nutzt Sendungen des RIAS zur Unterstützung ihres Suchdienstes und wirbt so auch Bewohner der DDR für die Mitarbeit. Deren Aufgabe besteht vor allem im Verteilen von Flugblättern; mitunter liefern sie auch nachrichtendienstlich verwendbare Informationen. Zu Beginn der 1950er Jahre geht die KgU auch zu Sabotageanschlägen auf militärische und zivile Einrichtungen der DDR über. Der US-amerikanische Auslandsgeheimdienst CIA (Central Intelligence Agency) wird zum Hauptgeldgeber der Organisation.

Innerhalb weniger Wochen nach der Festnahme des ehemaligen »Sachgebietsleiters« der KgU-Widerstandsabteilung für Sachsen im September 1951 werden dort etwa 180 Personen festgenommen. Auch Siegfried Hentschel, der zusammen mit einem Freund als »Gruppe Jürgen« kritische Schriften verteilt, wird verhaftet. Im sowjetischen Gefängnis auf der Bautzner Straße werden sie inhaftiert, verhört und durch SMT verurteilt. Es ist die Verhaftungswelle mit den meisten Todesopfern in der DDR. Etwa 50 Todesurteile werden verhängt.

Flugblatt der KgU, um 1950

Flugblätter aus Raketen: Siegfried Hentschel (1926 – 2012)

Siegfried Hentschel verweigert als Sohn eines Sozialdemokraten im nationalsozialistischen Deutschland die Mitgliedschaft in NS-Jugendorganisationen. Nach der Ausbildung zum Elektroinstallateur folgen der Reichsarbeitsdienst und die Einberufung zur Wehrmacht. Zum Kriegsende gerät er in US-amerikanische Gefangenschaft, wird aber zur Arbeit in nordfranzösischen Kohlegruben an die französischen Streitkräfte übergeben. 1948 kehrt er nach Dresden zurück. Um etwas gegen die zunehmende Stalinisierung zu tun, nimmt er 1949 Kontakt zum Ostbüro der SPD und zur KgU auf. Unter dem Gruppendecknamen »Jürgen« holt Siegfried Hentschel zusammen mit einem Freund mehrfach Flugschriften der KgU nach Dresden, um sie an andere Verteiler weiterzugeben. An den Spitzen von Feuerwerksraketen befestigt er Flugblätter, die dann zum nächtlichen Treff der Straßenbahnen am Postplatz im Dresdner Stadtzentrum aufsteigen.

Im Oktober 1951 wird Siegfried Hentschel verhaftet. Ein Sowjetisches Militärtribunal verurteilt ihn im Januar 1952 wegen »Spionage und antisowjetischer Propaganda« zu 25 Jahren Lagerhaft.

Siegfried Hentschel, 1950

Nach der Verurteilung sitzt er vier Monate im Bautzner Gefängnis, dem »Gelben Elend«. Später wird er in das Straflagergebiet von Workuta transportiert. Der Januar 1956 bringt Siegfried Hentschel die Freiheit. Seinen neuen Wohnsitz sucht er sich zunächst in Hamburg. 1999 kehrt er in seine alte Heimatstadt Dresden zurück und engagiert sich bis zu seinem Tod 2012 als Zeitzeuge in der Gedenkstätte Bautzner Straße.

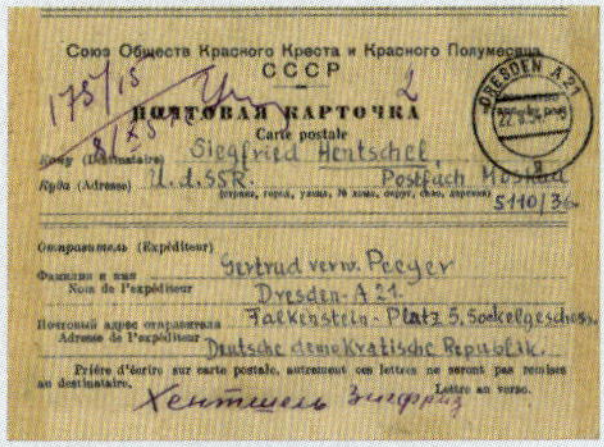

Союз Обществ Красного Креста и Красного Полумесяца
СССР
ПОЧТОВАЯ КАРТОЧКА
Carte postale
Кому (Destinataire) Siegfried Hentschel,
Куда (Adresse) U.d.SSR. Postfach Moskau
5110/36
Отправитель (Expéditeur)
Фамилия и имя / Nom de l'expéditeur Gertrud verw. Peeger
Почтовый адрес отправителя / Adresse de l'expéditeur Dresden-A 21. Falkenstein-Platz 5. Sockelgeschoss. Deutsche demokratische Republik.
Prière d'écrire sur carte postale, autrement ces lettres ne seront pas remises au destinataire.
Lettre au verso.
Хентшель Зигфрид
DRESDEN A 21

Rot-Kreuz-Karte der Mutter von Siegfried Hentschel ins Lager, die erste Post aus der Heimat, 1954

»Schild und Schwert der Partei«. Die Staatssicherheit der DDR

Mit Gründung der DDR übergab die sowjetische Besatzungsmacht 1949 alle Verwaltungsbefugnisse an den neuen Staat. Faktisch wurde dieser in den 40 Jahren seines Bestehens von der SED ohne wirkliche demokratische Legitimierung regiert. Ihre Machtstellung hielt die Partei durch einen umfassenden Sicherheitsapparat aufrecht – das 1950 gegründete Ministerium für Staatssicherheit (MfS), kurz »Stasi«. Der stalinistisch geprägte Staatssicherheitsdienst verstand sich als »Schild und Schwert der Partei«. Er war Auslandsnachrichtendienst, innenpolitische Geheimpolizei und Untersuchungsorgan für politische Strafsachen in einem. In eigenen Untersuchungsgefängnissen ermittelte das MfS gegen tatsächliche oder vermeintliche politische Gegner und versuchte, diese mithilfe des Strafrechts und in Zusammenarbeit mit der Justiz auszuschalten.

Der MfS-Apparat war militärisch organisiert und streng zentralistisch aufgebaut. Der systematische Verstoß gegen Grundrechte derjenigen, die als »feindlich-negative Elemente« betrachtet wurden, gehörte zum Alltag der Staatssicherheit. An der Spitze des MfS stand von 1957 bis 1989 Erich Mielke.

In den frühen Jahren der DDR reichten die Methoden von der Anwendung körperlicher Gewalt bis zu willkürlichen Verhaftungen und Entführungen aus dem Westen. Das Streben nach internationaler Anerkennung prägte ab den 1970er Jahren die Verfolgungspraxis. Um Repressionen zu verschleiern, bediente sich die Staats-

sicherheit nun verstärkt der präventiven Überwachung und sogenannter Zersetzungsmaßnahmen. Manipulationen und gezielt von Inoffiziellen Mitarbeitern (IM) gestreute Gerüchte sollten missliebige Personen systematisch verunsichern, in Verruf bringen, isolieren oder kriminalisieren. Das Ziel blieb 40 Jahre lang dasselbe: Die Staatssicherheit sollte unangepasstes oder systemkritisches Denken und Handeln verhindern.
1989 arbeiteten DDR-weit rund 91 000 Menschen hauptamtlich für das MfS und 189 000 IM wirkten als geheime Zuträger. Im Bezirk Dresden waren es einschließlich aller Kreisdienststellen über 3500 hauptamtliche und 13 000 Inoffizielle Mitarbeiter, die für 31 Abteilungen, 16 Kreisdienststellen und eine Objektdienststelle (TU Dresden/Hochschulen) zuständig waren.

Der Dresdner Staatssicherheitskomplex wächst

Als 1952 die Länder der Zentralisierung zum Opfer fielen und Bezirke geschaffen wurden, kam es zu einer umfassenden Umstrukturierung. In jedem der 14 Bezirke und in Ost-Berlin entstand eine MfS-Bezirksverwaltung mit jeweils eigenem Untersuchungsgefängnis. In Dresden, das Hauptstadt des gleichnamigen Bezirkes wurde, zog die Staatssicherheit aus der Albertstadt in die Bautzner Straße, wo der ehemalige Heidehof Kernstück der neuen MfS-Bezirksverwaltung wurde.
Am 5. Oktober 1953 übernahm die Dresdner Bezirksverwaltung des Ministeriums für Staatssicherheit von den »Freunden« – wie der sowjetische Sicherheitsapparat innerdienstlich hieß – die Einrichtungen an der Bautzner Straße als Zentrum der Überwachung und politischen Verfolgung im Bezirk. Über die Jahrzehnte seines

Die MfS-Landesverwaltung in der Königsbrücker Straße 125, vermutlich um 1950

Bestehens entwickelte sich das streng gesicherte und abgeschottete Gelände zu einem eigenen Komplex mit Dienstsitzen für nahezu alle MfS-Bezirksabteilungen und eigenem Untersuchungsgefängnis. Die enge Zusammenarbeit mit dem sowjetischen Geheimdienst KGB zeigte sich in Dresden schon durch die Nähe beider Sicherheitseinrichtungen. Der KGB residierte fast gegenüber in einer Villa in der Angelikastraße 4 (→ Karte, Nr. 13) und hielt die Verbindung zu den ostdeutschen Kollegen.
Das MfS hatte 1953 umfangreiche Baumaßnahmen für einen neuen Verwaltungstrakt mit angeschlossenem Gefängnis auf der Bautzner Straße angeordnet, wobei das Untersuchungsgefängnis oberste Priorität hatte. Der Verwaltungsbau wurde architektonisch dem bereits bestehenden Heidehof angepasst. Gleichzeitig

Der KGB in Dresden

Die Dresdner Residentur des sowjetischen Geheimdienstes KGB mit ihren sieben bis acht Mitarbeitern ist im Vergleich zur ostdeutschen KGB-Zentrale in Berlin-Karlshorst mit etwa 1000 Beschäftigten sehr klein. Nach zehn Dienstjahren in der Leningrader KGB-Zentrale wird der damals 33-jährige Wladimir Putin 1985 in diese Außenstelle versetzt. Formal ist der Hauptmann zuständig für das deutsch-sowjetische Freundschaftshaus in Leipzig – eine Tarnung für eine Reihe geheimdienstlicher Aufgaben. So versuchen die KGB-Agenten in Dresden, ausreisewillige DDR-Bürger als spätere »Quellen« in der Bundesrepublik zu gewinnen. Eine weitere Hauptaufgabe Putins liegt in der Anwerbung von Spionen unter den ausländischen Studenten an der Technischen Universität Dresden. Ins Visier genommen werden Söhne und Töchter der politischen Elite ihres Heimatlandes, von denen sich der KGB nach ihrer Rückkehr wichtige Informationen verspricht.
Unweit seines Dienstsitzes hat Putin eine Zweiraumwohnung in einem typischen DDR-Plattenbau auf der Radeberger Straße 101. Dort wohnt er mit seiner Frau und den beiden kleinen Töchtern. Im Rang eines Oberstleutnants verlässt er die DDR im Februar 1990 wieder.

Mitarbeiter der Bezirksverwaltung des MfS Dresden gemeinsam mit den »Freunden« beim Besuch des Museums der 1. Gardepanzerarmee, 3. v. l. Wladimir Putin, 1. R. 4. v. l. Horst Böhm (seit 1981 Leiter der Bezirksverwaltung), 1988

gewährleistete die u-förmige Erweiterung, dass das elbseitige Hafthaus von der Straße aus nicht einsehbar war. Trotz halbfertiger Bau- und Statikpläne wurde im Dezember 1953 mit den Ausschachtungsarbeiten begonnen. Erhebliche Mängel bei der Abnahme des Haftgebäudes bereits 1954 waren die Folge. So mussten ein Speiseaufzug für das Zellenhaus nachträglich eingefügt, die Heizkörper der Haftzellen gegen Suizid gesichert, eine Entlüftung im Festsaal der Staatssicherheit eingebaut sowie das Kesselhaus nachgebessert werden. 1956 wurden der Verwaltungstrakt (→ Karte, Nr. 4) und die Großküche in Betrieb genommen.
Das Hafthaus an der Bautzner Straße (→ Karte, Nr. 6) war der erste vom MfS geplante moderne Gefängnisneubau und ermöglichte der Staatssicherheit einen Haftvollzug nach ihren eigenen Vorstellungen. Er enthielt 44 als »Verwahrräume« bezeichnete Zellen. Leiter der Bezirksverwaltung Dresden wurde Rolf Markert.

Im Gefängnis an der Bautzner Straße

In den ersten Jahren ihres Bestehens etablierte sich die Staatssicherheit als Instrument zur Durchsetzung und Zementierung der SED-Diktatur. Tatsächliche oder vermeintliche Kritik bspw. am »Ulbricht-Regime«, an den scheindemokratischen Wahlen oder das Engagement in bürgerlichen Parteien konnten eine Verhaftung und mehrjährige Haftstrafen nach sich ziehen. Tatsächlich gab es in dieser Zeit spürbaren Widerstand der Bevölkerung gegen die schrittweise Implementierung des stalinistisch geprägten Regimes in der DDR. Die nach Stalins Tod einsetzende »Tauwetter-Periode« in der Sowjetunion wirkte zunächst mildernd auf die Verfol-

Rolf Markert (eigentl. Helmut Thiemann, 1914 – 1995), Leiter der MfS-Bezirksverwaltung Dresden 1953 – 1981

Rolf Markert, der eine Lehre zunächst als Klavierbauer, dann als Maurer absolviert, wird in seiner Jugend Mitglied des Kommunistischen Jugendverbandes und der Roten Jungfront.

Rolf Markert, 1958

Ab 1934 besucht er die Schule der Kommunistischen Jugendinternationale in Chotkowa bei Moskau. Im gleichen Jahr kehrt er nach Berlin zurück und arbeitet als KPD-Mitglied bis zu seiner Verhaftung 1935 illegal. Wegen »Vorbereitung zum Hochverrat« ist er zunächst im Zuchthaus Luckau, später in Konzentrationslagern (KZ) inhaftiert, so von 1938 – 45 im KZ Buchenwald. Nach Kriegsende tritt er im Mai 1945 eine Anstellung bei der ostdeutschen Polizei an. 1946 wird er Leiter der Personalabteilung der Landespolizeibehörde Sachsen und 1948 Leiter des Dezernats K 5 (politische Polizei) des Landeskriminalamtes Sachsen. 1951 steigt er zum Leiter der Länderverwaltung des MfS Brandenburg auf, 1952 zum Leiter der Abteilung IV (Spionageabwehr) des MfS Berlin. 1953 wird er Leiter der MfS-Bezirksverwaltung in Dresden, wo er auch Mitglied der SED-Bezirksleitung ist. Als er 1981 in den Ruhestand geht, wird Horst Böhm sein Nachfolger (→ S. 55).

Das MfS-Untersuchungsgefängnis von innen, 2016

gungspraxis in der DDR. Dennoch blieben bspw. »Staatsfeindliche Hetze«, »Spionage« oder »Staatsfeindliche Verbindungen« Beschuldigungen, die zumeist mit längeren Haftstrafen geahndet wurden. Unterbrochen durch eine erneute Repressionswelle vor und nach dem Mauerbau 1961 und die damit verbundenen Proteste, gingen die Verhaftungen ab 1962 zurück. Mit dem Machtantritt Erich Honeckers an der SED-Spitze 1971 veränderte sich die Verfolgungspraxis erneut. Der Fokus der Staatssicherheit verschob sich auf die Verhinderung von Republikfluchten und die Ahndung unternommener Versuche. In den 1970er und 1980er Jahren umfassten Ermittlungsverfahren im Zusammenhang mit Ausreisebestrebungen oder versuchter Flucht etwa zwei Drittel aller Fälle politischer Haft, im Jahr 1988 waren es ca. 80 Prozent. Die Betroffenen wurden wegen »ungesetzlichen Grenzübertritts« oder »Beeinträchtigung staatlicher Tätigkeit« bspw. bei häufigem Stellen von Ausreiseanträgen und damit verbundenen Eingaben inhaftiert und verurteilt.

»Nieder mit Ulbricht!«: Eberhard Haaser (* 1943), Lutz Kandler (* 1944), Klaus Schumann (* 1944)

Angesichts der immer deutlicher hervortretenden Diktatur in der DDR wollen drei Jugendliche eine Losung an der bekannten Dresdner Brücke Blaues Wunder anbringen. In einer Septembernacht 1961 klettern Eberhard Haaser und sein Freund Lutz Kandler auf die Elbbrücke. »Nieder mit Ulbricht«, schreiben sie mit einer von ihrem Freund Klaus Schumann angemischten Farbe auf die Längstraversen Richtung Schillerplatz. Der einsetzende starke Regen wäscht die noch nicht getrocknete Farbe ab. Dadurch kann die auch für die rechte Traverse geplante Losung »Weg mit dem Staatsrat« nicht geschrieben werden. Für einen späteren Versuch werden neue Pinsel und Farbe besorgt, doch die Staatssicherheit ist schneller. Bei einer Hausdurchsuchung werden die Utensilien gefunden und alle drei nacheinander verhaftet. Nach über drei Monaten Untersuchungshaft in der Bautzner Straße fallen 1962 die Urteile: Die Zuchthausstrafen wegen »staatsfeindlicher Hetze und Propaganda« liegen zwischen einem Jahr sowie zwei Jahren und neun Monaten. Noch im selben Jahr werden

Regierung der Deutschen Demokratischen Republik
Ministerium für Staatssicherheit
Verwaltung/Bezirksverwaltung Dresden

BStU 000007

Dresden, den 4.1. 1962

Einlieferungsanzeige

I.

Am 4.1.1962 gegen 1.00 Uhr
wurde in Dresden
Bezirk Dresden
wegen Staatsgef. Propaganda und Hetze
festgenommen:
Name: H a a s e r
Vornamen: Eberhard Georg Alfred
geboren am 12.12.1943 in Dresden
Beruf und letzte Tätigkeit: Stahlbauschlosser
Familienstand: ledig
Staatsangehörigkeit und Nationalität: DDR / Deutscher
Wohnung: Dresden A 19, Jacobistraße 16
Name und Anschrift der nächsten Angehörigen: Vater: Georg H a a s e r
wh.: Dresden A 19, Jacobistraße 16

Einlieferungsanzeige für Eberhard Haaser in das Stasi-Untersuchungsgefängnis Dresden, 1962

Lutz Kandler und Klaus Schumann amnestiert. Eberhard Haaser wird im April 1963 unter der Auflage von zwei Jahren Bewährung aus der Haft entlassen und später ebenfalls amnestiert. Als Lutz Kandler nach seiner Entlassung zur elterlichen Wohnung kommt, stehen viele Blumen auf den Stufen. Ein 72-jähriger Nachbar begrüßt ihn mit Handschlag: »Junger Herr, wir sind stolz auf Sie!«

Die MfS-Bezirksverwaltung in der Bautzner Straße 116, vermutlich 1950er Jahre

Eine Besonderheit des Dresdner Untersuchungsgefängnisses war die relativ hohe Zahl an Ermittlungsverfahren in Verbindung mit Fluchtversuchen und wiederholter Ausreiseantragstellung. Hinzu kamen DDR-Bürger, die in der Tschechoslowakei beim Fluchtversuch in den Westen festgenommen wurden. Nach einer kurzen Zwischenstation in der Bautzner Straße wurden sie in ihren Bezirk weitergeleitet. In den 1980er Jahren liefen in Dresden jährlich insgesamt etwa 300 Ermittlungsverfahren des MfS, 1988 waren es 465, was DDR-weit die höchste Zahl war.

Das Gelände der Staatssicherheit bekamen die Inhaftierten nicht zu sehen. Schon die Anfahrt erfolgte zumeist im geschlossenen Kleintransporter mit Isolierzellen. Nach der Ankunft wurde in engen Separierungszellen auf die Aufnahmeprozedur gewartet, bei der alle wichtigen persönlichen Daten erfasst wurden. Die übliche Häftlingskleidung wurde ausgehändigt. Sie bestand seit Mitte der 1970er Jahre aus grauer Unterwäsche, einem dunkel

Blick von Süden auf das Hafthaus mit Freigang und Fahrzeugschleuse, 2008

gefärbten Trainingsanzug der NVA und Filzpantoffeln. Unmittelbar nach der Aufnahme wurde ein dreiteiliges, sogenanntes Täterlichtbild des Gefangenen aufgenommen.
Für die Betroffenen waren die Ankunft und der weitere Verbleib im Gefängnis der Staatssicherheit mit völliger Unsicherheit verbunden. Sie blieben wochenlang der Desorientierung, Isolation und totalen Überwachung ausgesetzt – den zentralen Prinzipien der MfS-Untersuchungshaft. Insgesamt konnten 88 Inhaftierte in Einzel-, Doppel- oder Dreierzellen untergebracht werden. Positiv war für die frühen Häftlinge dieses Hauses, dass die Zellen von Beginn an mit einer funktionsfähigen Heizung und mit Wasserklosetts ausgestattet waren – das gehörte zu jener Zeit nicht zum allgemeinen Standard der Hafthäuser in der DDR. Allerdings war die Heizung nur von außen zu bedienen, ebenso die WC-Spülung. Neben der Pritsche für mehrere Häftlinge, die von Wand zu Wand reichte, war kein Mobiliar vorhanden.

In den 1970er Jahren modernisierte Zelle für zwei Häftlinge, 2016

Seit der Modernisierung der Zellen Mitte der 1970er Jahre änderte sich ihre Ausstattung nicht mehr. Einzelpritschen ersetzten die Schlafpodeste. Ein Wandschrank enthielt Kunststoffgeschirr und -besteck sowie Zahnputzzeug. Als besonders belastend empfanden die meisten Häftlinge den Ersatz der Fenster durch Glasbausteine. Ein schmaler Luftschacht zwischen den Fensterbausteinen war die einzige Belüftungsmöglichkeit, so dass die Zellenluft im Sommer sehr stickig und im Winter kalt werden konnte. Neonröhren ersetzten das Tageslicht.

Für die Bewachung der Häftlinge im Zellentrakt und deren Wege innerhalb des Hauses waren die Mitarbeiter der Abteilung XIV verantwortlich, von den Häftlingen »Schließer« genannt. Ein harscher Befehlston prägte die wenigen Sätze, die an die Gefangenen gerichtet wurden. Die Namen der Häftlinge blieben den »Schlie-

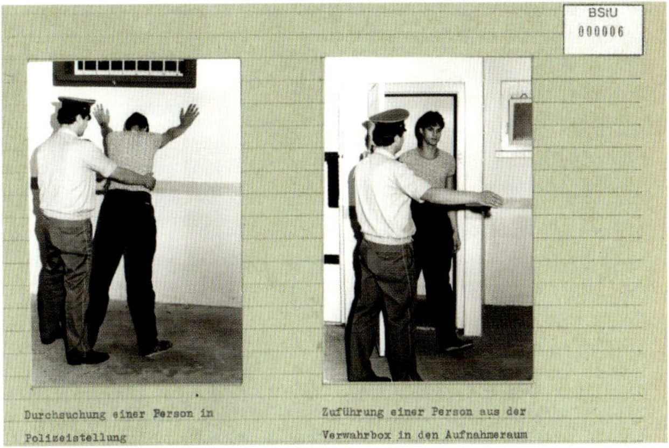

Anleitung zur Häftlingsaufnahme für die MfS-Abteilung XIV, vermutlich 1980er Jahre

ßern« unbekannt, sie wurden als »Nummer« angesprochen, persönliche Kontakte waren untersagt. Der Tag in der Untersuchungshaft unterlag einem strengen Ablauf, der mit dem Wecken 6.00 Uhr begann und 22.00 Uhr mit dem Löschen des Lichtes endete. Persönliche Gegenstände waren verboten – kein Papier, kein Foto, keine Uhr. Die Häftlinge versuchten sich mit selbst gefertigten »Stiften« aus Streichhölzern oder Spielfiguren aus Brot zu behelfen. Anstaltseigene Bücher wurden nur in festem Rhythmus ausgegeben und waren schnell ausgelesen. Ähnlich war es mit dem Kontakt nach außen. Monatlich vier Briefe und ein Besuch von Angehörigen waren in den 1970er und 1980er Jahren erlaubt. Stets jedoch hatte der Vernehmer das letzte Wort und konnte diese »Erleichterungen« bei Bedarf streichen und damit den Verlauf der Untersuchung beeinflussen. Weitere Beschäftigungsmöglichkeiten

Schüsse an der Mauer: Elmar Scholz (1947 – 2015)

Während seines Wehrdienstes mit Drill, Arrest und Strafen wachsen bei Elmar Scholz Zweifel an der DDR. Geschockt verfolgt er den blutigen Ausgang des Prager Frühlings 1968. Die Unzufriedenheit mit der DDR und berufliche Perspektivlosigkeit lassen ihn 1969 einen Fluchtversuch über die Berliner Mauer am Potsdamer Platz unternehmen. Er wird gestellt und ergibt sich sofort. Dennoch treffen ihn drei Schüsse. Die Brieftasche mit etwa 50 Fotos seiner Familie und Freunde, die er in seiner Brusttasche hat, rettet ihm das Leben. Der Schuss verfängt sich darin. Nach der Einlieferung in ein Haftkrankenhaus verbringt er sieben Monate in Einzelhaft in der Bautzner Straße. Er wird schließlich zu einem Jahr und neun Monaten Haft verurteilt, die er im Gefängnis Cottbus absitzt. 1970 wird er in die DDR entlassen. In der Gedenkstätte Bautzner Straße engagiert sich Elmar Scholz bis zu seinem Tod als Zeitzeuge.

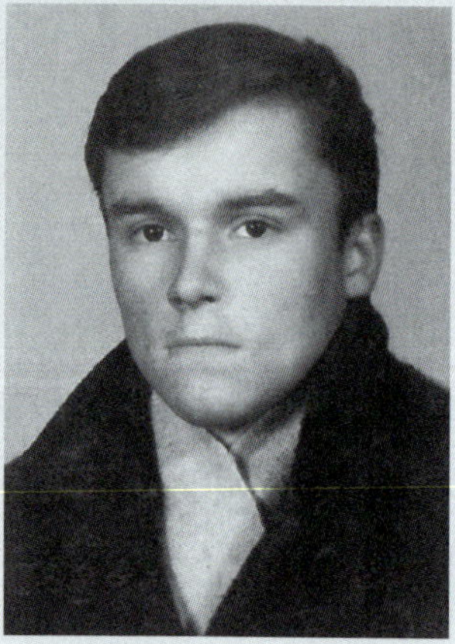

Passfoto von Elmar Scholz vor seiner Inhaftierung, Ende der 1960er Jahre

Elmar Scholz' Brieftasche mit Einschussloch

Fluchtversuch am Checkpoint Charlie: Dagmar Göbert, geb. Schlegel, gesch. Janetzky (* 1948)

Seit 1960 steht Dagmar Schlegel mit einem Schweizer im Briefwechsel. Sieben Jahre später treffen sie sich das erste Mal persönlich und sind sich sofort einig, dass sie zusammenleben möchten. Wegen des Verdachts auf Republikflucht werden mehrere IM auf Dagmar Schlegel (später Janetzky) angesetzt und »Zersetzungsmaßnahmen« eingeleitet, die ihre berufliche Laufbahn zerstören. Seit 1976 darf die Programmiererin nur noch als Gartenarbeiterin in Pillnitz tätig sein. Zermürbt von diesen Repressalien, unternimmt sie 1976, zum Zeitpunkt des »Festes der Jugend« in Ostberlin, um ein politisches Zeichen zu setzen, am Checkpoint Charlie einen Fluchtversuch.

Sie gelangt jedoch nur 150 Meter in den Grenzbereich, bevor sie festgenommen wird. Es folgt eine neunmonatige Untersuchungshaft in der Bautzner Straße. Als ihr zehn Jahre Haft wegen »Spionage« angedroht werden, ist sie fassungslos. »... da habe ich wirklich realisiert, dass ich der Diktatur völlig hilflos ausgeliefert bin.« Sie wird schließlich wegen »ungesetzlichen Grenzübertritts« und »Grenzverletzung« zu zweieinhalb Jahren Haft verurteilt. Nach ihrem Freikauf 1977 engagiert sie sich für andere politische Häftlinge der DDR und wird nachweislich von IM noch bis 1984 überwacht.

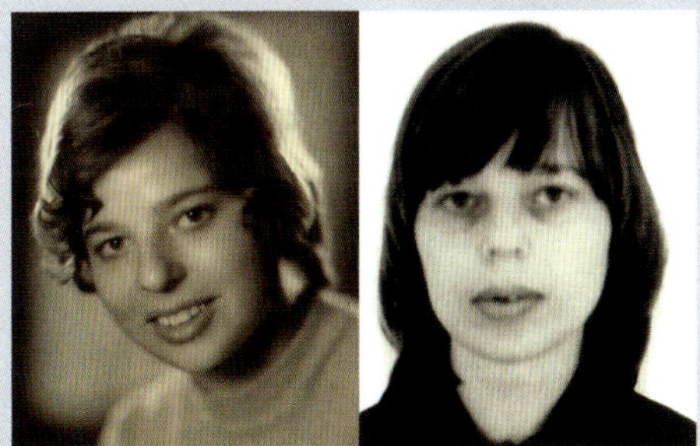

Dagmar Janetzky, links 1973, rechts 1977, unmittelbar nach der Haftentlassung

sah die Haftordnung nicht vor. Daher war der tägliche »Freigang« von etwa einer halben Stunde eine willkommene Abwechslung. In Dresden verhinderte ein Dach den Blick in den Himmel.
Ständige Überwachung und Kontrolle prägten den Alltag der Untersuchungshäftlinge des MfS. Eine Privatsphäre existierte nicht; das Leben spielte sich zu jeder Tages- und Nachtzeit vor den Augen anderer ab – vom Waschen und der Toilettenbenutzung bis hin zum nächtlichen Schlaf. Hinzu kam der regelmäßige Kontrollblick durch den Spion. Tagsüber prüften die »Schließer« jede Zelle etwa alle fünf Minuten. Suizidversuche sollten verhindert und das Einhalten der Haftordnung sichergestellt werden. Es war verboten, sich tagsüber hinzulegen oder etwa mit heimlich gefertigten Karten zu spielen. Nächtliche Kontrollen der vorgeschriebenen Schlafordnung erfolgten viertelstündlich durch Zuschalten einer Glühlampe. Der Häftling wurde lautstark aus dem Schlaf gerissen, wenn sein Gesicht oder beide Hände bedeckt waren.
Die umfassenden Kontrollen sollten die Isolation des Untersuchungshäftlings sicherstellen. Kontakte zu anderen Menschen, die Zellengenossen ausgenommen, wurden auf ein Mindestmaß beschränkt. Der Informationsaustausch zwischen den Häftlingen sollte unterbunden und der Vernehmer gleichzeitig zu einer wichtigen Kontaktperson werden. Dennoch kommunizierten die Häftlinge miteinander. Mittels »Knastalphabet« »sprach« man klopfend über die Wände. Einmal für das »A« und 26-mal für das »Z«. Nach einiger Übung gelang das verbotene Klopfen in Windeseile und wurde nie wieder vergessen. Für das »Knasttelefon« wurden wiederum die Zellentoiletten genutzt, die über Wasserrohre miteinander verbunden waren. Das »Telefonieren«

Arrestzelle, 2016

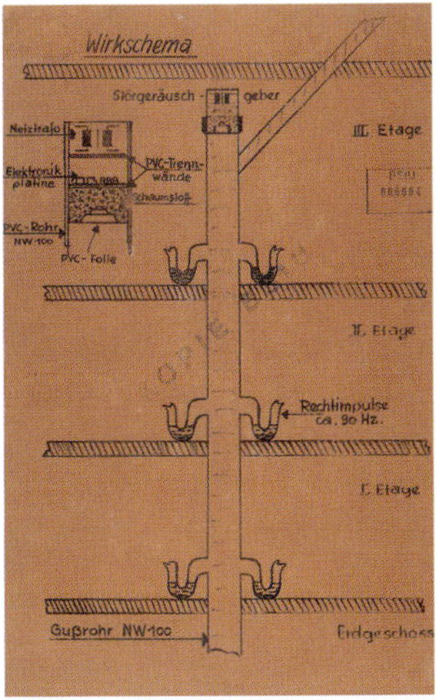

Schema eines »Störgeräuschgebers«, 1976 vom MfS entwickelt

wurde unmöglich, als eigens von der Stasi entwickelte Störgeräuschgeber auf die Fallrohre montiert wurden. Das Zuschalten von Strom erzeugte ein störendes Summgeräusch.

Zwei Arrestzellen ohne Fenster, Pritsche und Toilette dienten der völligen Isolation. Der Aufenthalt war bis zu 14 Tagen erlaubt und konnte bei Verstößen gegen die Haftordnung, bspw. beim »Klopfen«, verhängt werden. Heizung und ein angeschraubter Hocker waren das einzige Inventar. Der Toilettengang musste dem Personal angezeigt werden. Mitunter wurde auch das Licht gelöscht. Der Entzug jeglicher sinnlicher Reize war eine extrem belastende Erfahrung.

Komfort für die Mitarbeiter der Staatssicherheit

Im Gegensatz zu den Häftlingen können die Mitarbeiter der Dresdner Staatssicherheit auf viele Privilegien zurückgreifen. Für sie wird bis in die 1980er Jahre eine beachtliche Infrastruktur geschaffen, die bspw. Kindergarten, Einkaufsmöglichkeit und Parkplätze für etwa 170 private PKW umfasst. Für die medizinische Versorgung der Mitarbeiter stehen in der Villa Madaus eigenes medizinisches Personal und Vertragsärzte zur Verfügung. Hier befinden sich zudem eine Apotheke, Physiotherapie und Sauna. Auf den Grundfesten der im Krieg zerstörten Villa Grumbt wird ein Mehrzweckgebäude mit MfS-eigener Telefonzentrale (→ Karte, Nr. 7) errichtet. Die Staatssicherheit nutzt auch die umstehenden Gebäude, wie die Villa Sadofsky als Klubhaus (→ Karte, Nr. 10) oder die Villa Elysium für die Kreisdienststelle Dresden-Stadt (→ Karte, Nr. 1). Ein 1972 direkt am Elbhang als »Versorgungskomplex« errichteter Flachbau (→ Karte, Nr. 9) umfasst unter anderem einen modernen Speisesaal für 300 Personen, eine Verkaufsstelle und einen Friseursalon. Eigens für die Mitarbeiter der Staatssicherheit werden in unmittelbarer Nähe mehrere Wohnblöcke erbaut – insgesamt 116 Wohneinheiten mit Bad und Balkon unter anderem an der Bautzner Straße (→ Karte, Nr. 12).

Die Villa Sadofsky als Klubhaus des MfS, vermutlich 1980er Jahre

Titelblatt einer Chronik zum 30-jährigen Bestehen des MfS, 1980

Medizinischer Dienst (links), Speisesaal (rechts, heute abgerissen), davor Gewächshäuser, Hafthaus im Hintergrund links, 1970er Jahre

Die Villa Madaus beherbergt den Medizinischen Dienst für die Dresdner Stasi-Mitarbeiter, 1970er Jahre. In der Dresdner MfS-Festchronik von 1980 heißt es dazu: »Eine gute vorbeugende Maßnahme zur Abhärtung ist die eingerichtete Sauna, die nach den neuesten medizinischen Gesichtspunkten gebaut wurde. [. . .] Insgesamt wurde mit dem Um- und Ausbau des Medizinischen Punktes erreicht, dass die Genossinnen und Genossen unserer Bezirksverwaltung keine längeren Wartezeiten in anderen medizinischen Einrichtungen der Stadt Dresden haben und damit die Arbeitszeit besser ausgelastet werden kann. [. . .]«

Vernehmungsraum, 2016

Ziel der Untersuchungshaft in der Bautzner Straße war es, dem Verdächtigen seine »Straftat« nachzuweisen, ein Geständnis zu erlangen und damit die Anklage vorzubereiten. Zu jeder Vernehmung wurde ein Protokoll erstellt, das vom Inhaftierten unterzeichnet werden musste. Änderungswünschen wegen unkorrekter Formulierungen wurde selten stattgegeben. Bei den ersten Verhören sollte der Untersuchungshäftling häufig durch Überredung gefügig gemacht werden. Der Vernehmungsoffizier war zunächst freundlich und erläuterte die Vorteile kooperativen Verhaltens, wie etwa mildere Strafen. Der Druck wurde erhöht, wenn diese Strategie nicht zur gewünschten Aussage führte. Dem Untersuchungsführer standen dafür viele Möglichkeiten

Zerstörung einer Künstlerbiografie: Jürgen Gottschalk (* 1951)

Als etwa Zwanzigjähriger widmet sich der gelernte Bergmann Jürgen Gottschalk der Serigrafie. Gemeinsam mit Dresdner Freunden beginnt er auch mit Mail-Art. Die oft witzige, kritische, mitunter subversive Postkartenkunst, die sich über Staatsgrenzen hinweg vernetzt, wird vom MfS als Gefahr für die sozialistische Ordnung betrachtet. 1981 eröffnet Jürgen Gottschalk in Dresden seine eigene Druckwerkstatt. Auslöser für die Einleitung des Operativen Vorgangs »Feind« der Dresdner Staatssicherheit gegen den Künstler ist ein Solidarność-Plakat in seinen Werkstatträumen. Nahezu das gesamte Repertoire an Maßnahmen zur Ausschaltung oppositioneller Kräfte kommt dabei zum Einsatz. Unter anderem schleust das MfS über 20 Spitzel in das Umfeld Jürgen Gottschalks ein und belegt ihn schließlich mit Berufsverbot. Diese »Zersetzungsmaßnahmen« werden in einer 1988 an der Hochschule des MfS Potsdam eingereichten Diplomarbeit als erfolgreich gewertet.

1984 wird Jürgen Gottschalk von der Staatssicherheit verhaftet. Nach reichlich vier Monaten Untersuchungshaft in

Jürgen Gottschalk mit Mail-Art-Postkarten, etwa 1980

der Bautzner Straße wird er wegen »ungesetzlicher Verbindungsaufnahme in Tateinheit mit öffentlicher Herabwürdigung« zu einer Haftstrafe von zwei Jahren und zwei Monaten verurteilt und 1985 durch die Bundesrepublik Deutschland freigekauft. Heute lebt Jürgen Gottschalk wieder in Dresden. Als Pensionär widmet er sich der Kunst und führt Besucher als Zeitzeuge durch die Gedenkstätte Bautzner Straße.

offen. Körperliche Gewalt wurde ab Mitte der 1950er Jahre kaum mehr angewandt. Endlose, mitunter nächtliche Verhöre, Schlafentzug und das Gefühl der Ohnmacht gegenüber dem Sicherheitsapparat erzeugten jedoch psychischen Druck. Drohungen, Familienangehörige zu inhaftieren oder die Kinder ins Heim zu geben, vermochten Widerstand zu brechen. Ein seltenes, aber nachweislich angewandtes Mittel war der Entzug des Sorgerechts für die Kinder, die dann von fremden Familien adoptiert werden konnten. Auch Spitzel, die sogenannten Zelleninformatoren, leisteten dem Vernehmer wichtige Dienste. Es handelte sich um Untersuchungshäftlinge oder Strafgefangene, die unter Druck oder durch Bestechung mit der Staatssicherheit kooperierten. Auch das Wachpersonal belauschte Gespräche zwischen den Inhaftierten und trug wichtige Informationen an den Vernehmungsoffizier weiter.

Je schneller belastende Aussagen oder »Beweise« für das angebliche Vergehen vorlagen, desto kürzer war die Zeit der Vernehmung. Die Untersuchungshaft sollte in der Regel nach etwa drei Monaten abgeschlossen sein. Sie konnte sich jedoch um viele Wochen und Verhöre verlängern, wenn bspw. Aussagen über weitere Beteiligte erpresst werden sollten. Aufenthalte von über einem halben Jahr bildeten in der Bautzner Straße jedoch die Ausnahme.

Nach Abschluss des Ermittlungsverfahrens und des dazugehörigen Protokolls wurde in der Regel die Anklage erhoben. Formulierungen aus dem Abschlussprotokoll des MfS gingen oft wortwörtlich in die Anklageschrift ein. Der Verteidiger hatte wenig auszurichten und traf den Beschuldigten zumeist erst nach dem Ende der MfS-Ermittlungen. Die Urteile der ersten beiden Jahr-

»Zellengenossin Brigitte«, beschlagnahmte Zeichnung von Gisela Quasdorf, angefertigt im Dresdner MfS-Untersuchungsgefängnis mit abgebranntem Streichholz auf Kekspapier, Vorder- und Rückseite, 1978

zehnte, häufig wegen oppositioneller Tätigkeit, wie dem Anbringen von kritischen Losungen und Plakaten, waren im Durchschnitt härter als spätere. Die Verurteilungen bei versuchter Republikflucht insbesondere in den 1970er und 1980er Jahren bedeuteten üblicherweise ein bis zwei Jahre Haft. Ende der 1980er Jahre wurde etwa ein Viertel der Inhaftierten zu Haftstrafen von über zwei Jahren verurteilt.

Nach der Verurteilung durch das zuständige Gericht, das zumeist im selben Sinn wie die Staatssicherheit entschied, endete die MfS-Untersuchungshaft. Der Weg führte in der Regel in eine Strafvollzugseinrichtung – ein Gefängnis, das offiziell nicht mehr der Staatssicherheit unterstand. Die dortige Haft

Freigangzellen, 2016

war für viele politische Häftlinge dennoch eine schlimme Erfahrung. Unter mehrheitlich Kriminellen stand der »Politische« auf einer niedrigeren Stufe der Hierarchie und musste den harten Knastalltag überstehen.

Einige Verurteilte wurden in Arbeitskommandos der Staatssicherheit abkommandiert, wie es sie auch in der Dresdner Bezirksverwaltung gab. Die Häftlinge waren unter etwas besseren Bedingungen untergebracht und keinen Schwerkriminellen ausgesetzt. Die Zellen der Dresdner Strafgefangenen befanden sich für die Männer im ehemaligen sowjetischen Gefängniskeller (→ Karte, Nr. 5) und für die Frauen im Haftgebäude (→ Karte, Nr. 6) der Bautzner Straße. Die Arbeitskommandos mit bis zu 40 Häftlingen waren für die Instandhaltung des Hafthauses und die daran angeschlossene Infrastruktur der Bezirksverwaltung zuständig. Etliche Werkstätten, in denen Reparaturen und Eigenbauten für die MfS-Bezirksverwaltung vorgenommen wurden, befanden sich ebenfalls im Keller.

Dazu gehörten Tischlerei, Malerraum, Schlosserei und eine Elektrowerkstatt. In elbseitig bestehenden Gewächshäusern (→ Karte, Nr. 11) und in unmittelbar daneben angelegten Früh-

Bei Springer landen: Michael Schlosser (* 1944)

Inspiriert durch einen westdeutschen Radioaufruf, mit einem selbstgebauten Hubschrauber auf dem Springer-Hochhaus in Westberlin zu landen, beginnt Michael Schlosser mit dem Bau eines Flugzeugs zur Flucht aus der DDR. Er verbaut auf einem abgelegenen Grundstück in einem Hühnerschuppen Teile von PKW, LKW, Schubkarren. Alle ihm zu Verfügung stehenden Mittel während der zweijährigen Entwicklungs- und Bauzeit des Fluchtflugzeugs sind ein Buch über Flugzeuginstandsetzung und selbst aufgenommene Fotos einer Cessna. Er plant, die Grenzanlagen bei Hof im November 1983 zu überfliegen. Zwei IM erfahren jedoch von seinem Vorhaben, so dass der Traum vom Fliegen in die Freiheit scheitert. Knapp zwei Wochen vor dem geplanten Fluchtversuch wird er festgenommen. Die nun folgenden intensiven Verhöre in der Bautzner Straße dauern fünf Monate. Im März 1984 wird er zu vier Jahren und sechs Monaten Freiheitsentzug wegen der »Vorbereitung zum ungesetzlichen Grenzübertritt im schweren Fall« verurteilt. Seine Haft muss er in der Strafvollzugseinrichtung Bautzen I, dem »Gelben Elend«, absitzen. Von der Bundesrepublik wird er 1984 freigekauft. Seit 2004 ist Michael Schlosser wieder in Dresden und arbeitet seine Geschichte am Ort seiner Haft auf. Bis heute führt er als Zeitzeuge Besuchergruppen durch die Gedenkstätte Bautzner Straße.

Das von Michael Schlosser selbstgebaute Flugzeug zur Flucht aus der DDR, vermutlich Ende der 1980er Jahre

Frauenzelle des Strafgefangenenarbeitskommandos, 2016

beeten bauten die Strafgefangenen Obst und Gemüse für den Eigenbedarf der Dresdner Staatssicherheit an. Auch in einer Schweinemästerei auf dem Gelände und in einer Autowerkstatt des MfS wurden Strafgefangene eingesetzt. Die Tätigkeitsfelder der Frauen in den Arbeitskommandos erstreckten sich von Reinigungsarbeiten im Zellenhaus und in MfS-Büroräumen über Arbeiten im Näh- und Bügelraum bis hin zu Küchendiensten und Kleiderwäsche in der Waschküche des benachbarten Mehrzweckgebäudes (→ Karte, Nr. 7). Nicht nur die Wäsche von Untersuchungshäftlingen und Strafgefangenen, sondern auch von MfS-Mitarbeitern, vom Medizinischen Dienst und der Hauptküche waren zu waschen und zu bügeln. Nach Dienstschluss durften die Strafgefangenen im Aufenthaltsraum selbst ihr Essen zubereiten und den Fernseher benutzen.

Das Gefängnis endete für viele Betroffene mit einem Freikauf durch die Bundesrepublik noch vor Ablauf der Haftzeit. Von 1963 bis 1989 kaufte die Bundesregierung über 33 000 politische Häftlinge aus dem DDR-Strafvollzug frei, im Gegenzug erhielt das SED-Regime Waren im Wert von mehr als drei Milliarden DM. Andere wurden – mitunter entgegen ihrem Wunsch – in die DDR entlassen. Das bedeutete zumeist berufliche Behinderungen, eine weitere Überwachung durch die Staatssicherheit und die Angst vor erneuter Inhaftierung. Die Haftfolgen waren nach außen selten sichtbar, prägten aber allzu häufig über Jahre hinweg die Erinnerung, die nächtlichen Träume oder gar den Alltag. Auch das Ende der DDR brachte kein Vergessen. Klaus Jähnig, der 1962 in der Bautzner Straße inhaftiert war, ist mit seiner Erfahrung einer von Tausenden: »Ich habe hier 137 Tage in Untersuchungshaft gesessen, das steckt mir heute noch in den Gliedern. Ich habe heute noch manchmal nachts Albträume.«

Das Ende der Dresdner Staatssicherheitszentrale, 1989/90

Die DDR ist in der zweiten Hälfte der 1980er Jahre wirtschaftlich am Ende. Der Unmut in der Bevölkerung über fehlende demokratische Grundrechte, staatliche Bevormundung sowie mangelnde Reisemöglichkeiten und Versorgungsengpässe wächst. Die von Michail Gorbatschow 1986 eingeleitete Reformpolitik in der Sowjetunion wird von der SED-Führung abgelehnt. Gorbatschow macht jedoch deutlich, dass die Sowjetunion jedem Land des sozialistischen »Ostblocks« seinen eigenen Weg zum Sozialismus zugesteht, und weckt in der Bürgerbewegung der DDR die Hoffnung auf Veränderungen. Im Mai 1989 wächst durch die nachweisliche Fälschung der Kommunalwahlen eine offene Opposition. Die Öffnung des »Eisernen Vorhangs« in Ungarn führt im Sommer 1989 zu einer Fluchtwelle. Während Zehntausende DDR-Bürger das Land über Ungarn, Polen und die Tschechoslowakei in Richtung Westen verlassen, verharrt die Staatsführung in Lethargie. Viele Menschen, die sich bewusst zum Bleiben entscheiden, fordern jetzt nachdrücklich Reformen. So stehen den pompösen offiziellen Feierlichkeiten zum 40. Jahrestag der DDR zahlreiche Demonstrationen der unzufriedenen Bevölkerung gegenüber.

Auf die ersten Protestdemonstrationen in Sachsen, in denen Ausreisebewegung und Demokratiebewegung zusammenfließen, reagieren die SED und ihre Sicherheitskräfte mit Gewalt und Repression. In diesen ersten Oktobertagen entscheidet sich in Dresden die Frage, ob der beginnende Umbruch friedlich endet.

Die SED-Führung hat angewiesen, dass Züge mit den Botschaftsflüchtlingen aus Prag auf dem Weg in die Bundesrepublik über Dresden fahren. Am 4. Oktober 1989 soll die zweite Welle der Flüchtlingszüge über den Dresdner Hauptbahnhof rollen. Dort kommen spontan Tausende zum Protest zusammen, sowohl Ausreisewillige aus allen Teilen der DDR, um ihre Ausreise zu erzwingen oder auf die Züge aufzuspringen, als auch viele reformwillige und politisch interessierte Dresdner. Am Abend sind im Umfeld des Bahnhofs etwa 20000 Menschen versammelt. Als der Bahnhof abgeriegelt und geräumt wird, kommt es zu Ausschreitungen. Scheiben werden durch Steinwürfe zerstört, ein Funkstreifenwagen geht in Flammen auf, viele Menschen werden verletzt und Hunderte Demonstranten festgenommen. Die Sicherheitskräfte setzen Schlagstöcke, Tränengas und Wasserwerfer ein. Für alle südlichen Bezirke der DDR wird erhöhte Gefechtsbereitschaft ausgerufen. Die Demonstrationen und ihre gewaltsame Auflösung reißen in Dresden nicht ab. Immer mehr Menschen zünden Kerzen an und rufen zur Gewaltlosigkeit auf. Unter dem Motto »Keine Gewalt!« stehen am Abend des 8. Oktober 10000 friedliche Demonstranten auf der Prager Straße den bewaffneten Kräften der Volkspolizei gegenüber. Tausend von ihnen werden eingekesselt. Um die drohende Gewalt abzuwenden, suchen Kirchenvertreter sowohl auf der Straße als auch im Rathaus den Kontakt zur örtlichen SED-Führung und zur Volkspolizei. Auf der Prager Straße formiert der Kaplan Frank Richter die »Gruppe der 20«. Im Rathaus gelingt es dem Superintendenten Christof Ziemer, dem Dresdner Oberbürgermeister ein Gespräch mit Vertretern der Demonstranten für den nächsten Tag abzuringen. Die eskalierende Spirale der Gewalt ist

Auf der Prager Straße, 8. Oktober 1989. Im Vordergrund ist die »Gruppe der 20« zu erkennen, die sich aus der Mitte der tausend eingekesselten Demonstranten gebildet hat.

durchbrochen. Die Demonstranten gehen friedlich auseinander und die Polizisten in ihre Kasernen. Als Vertreterin der Demonstranten führt die »Gruppe der 20« am nächsten Tag ein erstes Rathausgespräch mit dem SED-Oberbürgermeister Wolfgang Berghofer. Aus dem Dialog zwischen Bürgern und Regierenden entwickelt sich in Dresden ein eigener kommunalpolitischer Weg in die Demokratie.

Gleichzeitig wartet die Staatssicherheit der DDR als »Schild und Schwert der Partei« vergeblich auf Anweisungen der SED, um den Machtverfall aufzuhalten. Der Generalbefehl zur Niederschlagung der friedlichen Proteste bleibt aus. Als mit der SED auch die staatlichen Strukturen zerbrechen, kommt es in der Staatssicherheit zu Missstimmung und Auflösungserscheinungen. Im Spätherbst 1989 beginnt sie mit der Vernichtung ihrer Akten. Die an diesen Tagen bekannt werdenden Fälle von Amtsmissbrauch und Korruption führen zu verstärkten Bemühungen engagierter Bürger, Beweismaterial zu sichern und weitere Aktenvernichtungen zu verhindern. Wolfgang Schwanitz, der nun die DDR-Staatssicherheit – umbenannt in Amt für Nationale Sicherheit – leitet, weist am 4. Dezember seine Dienststellenleiter in den Bezirken an, sofort einen Vernichtungsstopp bekannt zu geben.

In Dresden zieht an diesem Vormittag ein Demonstrationszug zum Bezirksgericht. Dort kommen die Teilnehmer mit Bezirksstaatsanwalt Wolfgang Lindner und dem Leiter der Dresdner Staatssicherheit Horst Böhm zusammen. In den Gesprächen äußern die Demonstranten ihren Unmut über die aufgedeckten Fälle von Korruption und wollen eine weitere Vernichtung von Dokumenten durch die Staatssicherheit verhindern. Im Beisein von Bürgervertretern erlässt Böhm an seine Abteilungsleiter den Befehl, ab sofort die Vernichtung von Materialien und Schriftgut aller Art zu stoppen. Eine Sicherung der Akten durch Vertreter der Öffentlichkeit lehnt er jedoch ab. Noch am selben Abend verkündet Horst Böhm dies auf der Montagsdemonstration vor etwa 60 000 Teilnehmern. Herbert Wagner, Mitglied der »Gruppe der 20« und Organisator der Montagsdemonstrationen, erinnert sich:

»Böhm bittet mich direkt vor der Kundgebung um das Wort. Damit habe ich überhaupt nicht gerechnet. Ist ein Auftritt des Stasi-Bezirkschefs nicht eine unerträgliche Zumutung für die noch friedlichen Demonstranten? […] Böhm erscheint mir ängstlich, aber hinreichend beherrscht, so dass ich von ihm keine unkontrollierten Provokationen erwarte. […] Seine wichtigste Botschaft ist, dass er in seinem Bezirksamt befohlen habe, keinerlei Materialien und Schriftgut aller Art zu vernichten, damit

Besetzung der Dresdner Stasi-Zentrale am 5. Dezember 1989

Korruption, Amtsmissbrauch und andere Verbrechen nicht vertuscht werden können und keiner sich seiner Verantwortung entziehen kann. Die Demonstranten pfeifen wütend dazwischen und glauben ihm kein Wort. Der Gipfel ist erreicht, als Böhm die Bürger um Unterstützung bittet im Interesse der revolutionären Erneuerung. Böhm zittert wie Espenlaub, als er von der Bühne geht.«
Am Vormittag des 5. Dezember 1989 erstatten Bürgervertreter wegen der weiterhin befürchteten Aktenvernichtung Anzeige gegen die Dresdner Staatssicherheit. Einem Rundfunkaufruf des Neuen Forums und der »Gruppe der 20«, diese Anzeige durch eine Demonstration vor dem Stasigelände zu unterstützen, folgen etwa 5000 Dresdner. Aus der Demonstration entwickelt sich eine Besetzung des Geländes. Wie auch in den anderen Bezirken werden in Zusammenarbeit mit der Militärstaatsanwaltschaft und der Volkspolizei die verbliebenen Unterlagen gesichert. Das während

Horst Böhm (1937 – 1990), Leiter der MfS-Bezirksverwaltung Dresden 1981 – 1990

Der Sohn eines Bäckers und einer Handschuhmacherin tritt 1954 der SED bei und wird 1955 nach seinem Abitur Mitarbeiter der Staatssicherheit. Er absolviert einen Zweijahreslehrgang an der MfS-eigenen Juristischen Hochschule Potsdam-Eiche und wird 1961 stellvertretender Leiter der Kreisdienststelle Stollberg bzw. 1962 der Kreisdienststelle Hohenstein. An der Karl-Marx-Universität Leipzig absolviert er 1962 – 1967 ein Fernstudium der Gesellschaftswissenschaften, das er als Diplom-Lehrer für Marxismus-Leninismus abschließt. Nach höheren Leitungspositionen in der Bezirksverwaltung Karl-Marx-Stadt wird er 1981 Offizier für Sonderaufgaben. In diesem Jahr übernimmt er die Leitung der MfS-Bezirksverwaltung Dresden und wird Mitglied der Dresdner SED-Bezirksleitung. Nach der Besetzung der Dresdner Staatssicherheitszentrale im Dezember 1989 wird er entlassen und begeht im Februar 1990 Suizid.

Horst Böhm als Leiter der MfS-Bezirksverwaltung Dresden an seinem Schreibtisch in der Bautzner Straße, 1980er Jahre

Protestveranstaltung vor dem ehemaligen MfS-Gelände in der Bautzner Straße gegen die Überführung der Stasi-Akten in das Bundesarchiv, September 1990

der Besetzung spontan entstandene Dresdner Bürgerkomitee begleitet die Sicherung der aufgefundenen Dokumente und der besetzten Objekte in der Bezirksverwaltung.

Im Januar fasst die DDR-Regierung den Beschluss, die Staatssicherheit ersatzlos aufzulösen. Die letzten Mitarbeiter werden zum 31. März 1990 entlassen. Meldungen über Verbrechen des DDR-Staatssicherheitsdienstes häufen sich, Spitzel werden enttarnt. Mit leidenschaftlichen Protesten setzen Bürgerrechtler im Herbst 1990 die Öffnung der Stasi-Akten von über vier Millionen Ostdeutschen und zwei Millionen Westdeutschen durch. Die zehn Kilometer Akten im Bezirk Dresden geben Aufschluss über die menschenverachtende Tätigkeit der DDR-Staatssicherheit und dokumentieren die Schicksale der Menschen, die in Dresden in der Bautzner Straße inhaftiert waren.

Der Weg zur Gedenkstätte, 1990 bis heute

Nach der Auflösung der Staatssicherheit wurde das MfS-Areal zivil genutzt. In die Räume des ehemaligen »Heidehofs« und das angrenzende Verwaltungsgebäude zog bspw. eine Berufsschule. In die leergeräumten Zellen des Hafthauses wurden sämtliche gesicherte Akten aus den Räumen der Dresdner Bezirksverwaltung und der Kreisdienststellen eingelagert. Die Dresdner Außenstelle des Bundesbeauftragten für die Stasi-Unterlagen übernahm die Dokumente und zog mit ihnen 1993 in das Bürozentrum Riesaer Straße.

In diesem Jahr wurde das nunmehr leerstehende Hafthaus unter Denkmalschutz gestellt und erstmals wieder für Besucher geöffnet. Mit der Ernennung des ehemaligen politischen Häftlings Siegmar Faust zum Sächsischen Landesbeauftragten für die Stasi-Unterlagen im Jahr 1996 bekamen die Bemühungen um das ehemalige Staatssicherheitsgefängnis eine neue Intensität. Auf seine Initiative gründete sich 1997 der Verein »Erkenntnis durch Erinnerung e. V.«, der den historischen Ort als Denkmal sicherte und schrittweise zur Gedenk-, Begegnungs- und Bildungsstätte ausbaute.

2010 wurde zu einem weiteren Entscheidungsjahr für die Zukunft der Einrichtung. Bereits 2007 hatten alle Nachnutzer des ehemaligen Staatssicherheitskomplexes das Gelände verlassen. Die »Wiederherstellung der ursprünglichen lockeren Villenstruktur an der Elbhangseite durch Beseitigung der störenden Einbauten« war das erstrebte städtebauliche Leitbild der Stadtplanung. Dem entsprechend schrieb die Landeshauptstadt das ehemalige Stasi-Kerngelände zum Verkauf aus. Die ehemalige Untersuchungshaftanstalt

Neuer Eingangsbereich der Gedenkstätte seit der Eröffnung des erweiterten Hauses, 2014

wurde davon ausgenommen und sollte im Eigentum der Stadt verbleiben. Auch die Veräußerung des sowjetischen Kellergefängnisses war geplant, jedoch unter der Bedingung der weiteren Nutzung durch die Gedenkstätte. Der Stasi-Festsaal und verbliebene Arbeitsräume der Mitarbeiter waren jedoch vom Verkauf betroffen. Um den Verlust der historischen Gebäudeteile abzuwenden, setzte sich der Trägerverein der Gedenkstätte für den Erhalt möglichst vieler baulicher Hinterlassenschaften der Staatssicherheit und deren Nutzung als Erinnerungsort ein. Der Vereinsvorsitzende und Dresdner Oberbürgermeister a.D. Herbert Wagner beschwor 2010 in seiner Rede vor dem Stadtrat alle Fraktionen, die historischen Räume zu erhalten und in die Gedenkstätte zu integrieren. Der Stadtrat beschloss einstimmig, den sowjetischen Haftkeller und den Verwaltungstrakt mit Festsaal für die Gedenkstätte zu sichern. Zudem sollten die Räume des Leiters der Bezirksverwaltung in den neuen Teil der Gedenkstätte integriert

MfS-Festsaal, 2014

werden. Um die authentischen Räume denkmalgerecht zu belassen und für die Öffentlichkeit nutzbar zu machen, stellten der Freistaat Sachsen und die Landeshauptstadt Dresden Investitionsmittel zu Verfügung. Die umfangreichen Umbaumaßnahmen führten zur Verdopplung der Ausstellungsflächen auf nahezu 3000 Quadratmeter. Im Mai 2014 wurde die erweiterte Gedenkstätte feierlich eröffnet.

Die Gedenkstätte Bautzner Straße zeugt durch die Dichte der original erhaltenen Gebäudeteile – das Stasi-Untersuchungsgefängnis, den sowjetischen Gefängniskeller, die Räume des Dresdner Staatssicherheitschefs und den Stasi-Festsaal – eindrücklich von der Verfolgungspraxis in der SBZ und DDR sowie vom Selbstverständnis des MfS. Der Verein »Erkenntnis durch Erinnerung e.V.« ist freier Träger der Gedenkstätte. Er realisiert bis heute deren Betrieb durch Führungen, Ausstellungen, Veranstaltungen und Projekte. Da Schüler die größte Besuchergruppe

Der sächsische Ministerpräsident Stanislaw Tillich (2. v. l.), der Bundesbeauftragte für Stasi-Unterlagen Roland Jahn (4. v. l.) sowie der sächsische Justizminister Sebastian Gemkow (3. v. l.) besichtigen die neue Ausstellung zur Staatssicherheit in der Gedenkstätte Bautzner Straße, 2016

darstellen, wurden die pädagogischen Angebote in den letzten Jahren erweitert und reichen von Führungen und Erkundungen bis hin zu Projektarbeiten, bei denen sich junge Menschen über verschiedene Wege und Medien der Vergangenheit des historischen Ortes nähern. Die Gedenkstätte arbeitet aber auch eng mit den Betroffenen der politischen Verfolgung zusammen. Sie dokumentiert ihre Schicksale und bewahrt sie für die nachfolgenden Generationen. So ist der Ort der politischen Repression zu einem Ort der Erinnerung, der Begegnung und des Lernens für eine lebendige Demokratie geworden.

Die Gedenkstätte Bautzner Straße zeigt das Entstehen und Wirken der DDR-Diktatur. Sie stellt dem Handeln der Staatssicherheitsmitarbeiter und ihrer Zuträger das Wirken kritisch denkender und handelnder Menschen gegenüber, die dafür oftmals mit Verfolgung und Inhaftierung bezahlten.

Service

Gedenkstätte Bautzner Straße Dresden
Bautzner Straße 112a | 01099 Dresden
Telefon 0351 646 54 54 | Fax 0351 646 54 43
Mail: info@bautzner-strasse-dresden.de
www.bautzner-strasse-dresden.de
Öffnungszeiten: Täglich 10.00 bis 18.00 Uhr
Regelmäßige Schließtage: 1. Januar, Ostersonntag, 24. – 26. Dezember, 31. Dezember

Führung
Wahlweise führen Zeitzeugen oder Bildungsreferenten durch die Stasi-Untersuchungshaftanstalt, den sowjetischen Haftkeller sowie Teile der ehemaligen MfS-Bezirksverwaltung. Dauer: 90 –120 Minuten; Führungen auch in Englisch, Französisch, Tschechisch, Russisch buchbar; öffentliche Führung jeden Montag 14.00 Uhr.

Erkundungsprojekt
Das selbstständige Erkunden des Hafthauses in Kleingruppen wird gekoppelt an eine kleine Quellenarbeit und abschließende Reflexion. Dauer: 90 Minuten

Projekt »Gefängnis DDR«
Das Projekt umfasst umfangreiche Quellenarbeit, ein Zeitzeugengespräch, einen Dokumentarfilm und eine Führung durch die Gedenkstätte. Dauer: 4 Stunden

Planspiel »Vorsicht friedlich!«
Aufgeteilt in sechs Gruppen und drei Pressevertreter lernen die Teilnehmer in ihren Rollen spielerisch und ergebnisoffen die Akteure, Positionen und Konfliktlinien der »Friedlichen Revolution« 1989/90 kennen. Dauer: 6 Stunden

Spurensuche für Familien
Die Suche nach dem Lösungswort führt an besondere Orte innerhalb der Gedenkstätte. Dauer: 45 Minuten

»Wir sind das Volk!« Dresdner Revolutionsweg 1989
Stadtführung zu Dresdner Orten der Friedlichen Revolution. Dauer: 2 Stunden

Literatur (Auswahl)

Boeger, Peter / Catrain, Elise (Hg.): Stasi in Dresden. Die Geheimpolizei im DDR-Bezirk, Berlin 2016.

Conradi, Agathe: Vom Repressionsort zum Erinnerungsort: Die Entstehung der Gedenkstätte Bautzner Straße Dresden (unveröffentlichte Masterarbeit), Berlin 2016.

Der Bundesbeauftragte für die Unterlagen des Staatssicherheitsdienstes der DDR (Hg.): STASI. Die Ausstellung zur DDR-Staatssicherheit. Katalog und Aufsätze, Berlin 2011.

Foitzik, Jan / Petrow, Nikita W.: Die sowjetischen Geheimdienste in der SBZ / DDR von 1945 bis 1953, Berlin / New York 2009.

Gieseke, Jens: Die Stasi. 1945 – 1990, München 2001.

Hilger, Andreas / Schmeitzner, Mike/ Schmidt, Ute (Hg.): Sowjetische Militärtribunale, Bd. 2: Die Verurteilung deutscher Zivilisten 1945 – 1955, Köln / Weimar / Wien 2003.

Möller, Horst / Tschubarjan, Alexandr O. (Hg.): SMAD-Handbuch. Die Sowjetische Militäradministration in Deutschland 1945 – 1949, München 2009.

Neumann, Heiko: »Und die hatten dann irgendwie meinen Willen gebrochen.« Haftregime und Vernehmungspraxis in der MfS-U-Haft Bautzner Straße Dresden 1953 – 1998, Dresden 2016.

Ortsverein Loschwitz-Wachwitz e. V. (Hg.): LOSCHWITZ. Illustrierte Ortsgeschichte 1315 – 2015, Dresden 2016.

Sieber, Uljana (Hg.): Vom Dresdner Kellergefängnis ins Lager. Schicksale politischer Häftlinge in Sachsen, Dresden 2013.

Wagner Herbert: 20 gegen die SED. Der Dresdner Weg in die Freiheit, Stuttgart, Leipzig 2000.

Weigelt, Andreas u. a. (Hg.): Todesurteile sowjetischer Militärtribunale gegen Deutsche (1944 – 1947). Eine historisch-biographische Studie, Göttingen 2015.

Zur Autorin

Uljana Sieber
1971 geboren und aufgewachsen in Dresden, Ausbildung zum Tischler, Tätigkeit als Bühnendekorateur; nach 1990 Abitur, Studium der Neueren und Neuesten Geschichte, Politikwissenschaft und Soziologie an der TU Dresden; Forschungs- und Auskunftstätigkeit zu deutschen und sowjetischen Kriegsgefangenen in der Dokumentationsstelle der Stiftung Sächsische Gedenkstätten; Konzeption und Umsetzung von Ausstellungen, Publikationen, Leitung pädagogischer Projekte in der Gedenkstätte Bautzner Straße Dresden, seit 2011 Leiterin der Gedenkstätte.

Herzlicher Dank

insbesondere an Katrin Thiel für die Mitarbeit am Kapitel »Der Elbhang zwischen Villenromantik und Industrieschloten 1845 – 1945« sowie an den Zeitzeugenbiografien, an Heiko Neumann für inhaltliche Vorarbeiten zum Kapitel »Die Dresdner Staatssicherheitszentrale 1950 – 1989«, an Dr. Gerald Hacke, Franz-Joseph Hille, Henry Krause, Dr. Klaus-Dieter Müller, Ilona Rau und Dr. Herbert Wagner für ihre Hinweise und kritische Durchsicht des Manuskriptes, an Tobias Rietz für die Erstellung der Karte und Recherchen zu den historischen Gebäuden des MfS-Areals sowie an den Herausgeber der Reihe »Orte der Geschichte«, Martin Kaule, und das Team des Ch. Links Verlags für die Betreuung der Publikation. Mein herzlicher Dank gilt allen Zeitzeugen, die ihre Erinnerungen an die Zeit ihrer Haft zur Verfügung stellten.

Chronik

1882 Errichtung einer Fotorahmenfabrik auf der Bautzner Straße 116 (Gebäude später Kernstück der MfS-Bezirksverwaltung)

1885 Erweiterung und Umbau zur Kartonagenfabrik

1932 Umbau des Gebäudes zum Wohnhaus »Heidehof«

1945 Ausbrennen des »Heidehofes« nach Bombenangriffen im Februar

1945 Hauptsitz der Sowjetischen Militäradministration für das Land Sachsen nahe dem »Heidehof«

1947 Wiederherstellung und Erweiterung des ehemaligen »Heidehofs« im Auftrag der sowjetischen Besatzungsmacht bis 1948

1950 Gründung der DDR-Staatssicherheit und Errichtung ihrer Dresdner Landesverwaltung auf der Königsbrücker Straße 125

1953 Umzug der Dresdner Stasi-Bezirksverwaltung in den ehemaligen »Heidehof« und Beginn umfassender Bauarbeiten im Gelände

1954 Fertigstellung des Dresdner Stasi-Untersuchungsgefängnisses für politische Häftlinge

1989 20 000 Demonstranten am 4. Oktober vor dem Hauptbahnhof, »Zuführungen« auch ins Stasi-Gefängnis Bautzner Straße

1990 Entlassung der letzten Mitarbeiter der Staatssicherheit im März

1994 erste öffentliche Führungen durch das Hafthaus, Denkmalschutz für das Haftgebäude

1997 Gründung des Vereins »Erkenntnis durch Erinnerung e. V.« mit dem Ziel, das Haftgebäude für die Öffentlichkeit zu sichern

2001 Aufnahme der Gedenkstätte in die institutionelle Förderung der Stiftung Sächsische Gedenkstätten

2004 Beginn der denkmalgerechten Sanierung des Haftgebäudes aus Mitteln der Landeshauptstadt Dresden und des Freistaates Sachsen

2009 Stadtratsbeschluss zur Erweiterung der Gedenkstätte

2014 Eröffnung des erweiterten und denkmalgerecht sanierten Gebäudes der ehemaligen Staatssicherheit als Gedenk-, Begegnungs- und Bildungsstätte